Berlin

Wieland Giebel

Diese Symbole im Buch verweisen auf den großen Cityplan!

DUMONT
direkt

Willkommen

15 x Berlin direkt erleben

Zu Gast in Berlin

Willkommen
Mein heimliches Wahrzeichen

Kultur, Kneipen, Klassik. Auf der Ebertbrücke hat man das alles binnen weniger Minuten. Das Bodemuseum und all die anderen sagenhaft restaurierten und prachtvoll ausgestatteten Kunsttempel der Museumsinsel liegen im Blickfeld, im Hintergrund der Fernsehturm. Eine Minute nach links kann man auf der Oranienburger Straße die Nacht durchfeiern. Eine Minute nach rechts, und man steht im klassischen Berlin vor dem Reiterdenkmal Friedrichs des Großen Unter den Linden.

Erste Orientierung

Überblick

Berlin ist ein kultur- und gesellschaftshistorisches Puzzle aus lauter faszinierenden Stückchen. Anders als in Weltstädten wie London oder Paris geht man in dieser Metropole nicht einfach ins ›Zentrum‹: Berlin ist dezentral organisiert und bietet Besuchern eine Vielzahl an lebendigen, unterschiedlichen Mittelpunkten. Und Berlin ist groß: Die Stadt dehnt sich auf 900 km² aus und ist die grünste Metropole der Welt!

Berlins ›Mitte‹

Nirgendwo sonst in Berlin war die Grenze zwischen Ost und West so symbolträchtig und so weltentrennend wie am **Brandenburger Tor** (▶ F/G 4), das nach 1989 allerdings genauso schnell zum Symbol der Wiedervereinigung geworden ist. Richtung Osten schaut man von hier auf die Straße Unter den Linden, auf der anderen Seite ins Grün des Tiergartens. Folgt man dem prachtvollen klassizistischen Boulevard **Unter den Linden** (▶ G–H 4), gelangt man in das geschichtsträchtige Herz der Stadt und zur **Museumsinsel.** Im Bezirk Mitte im Ostteil der Stadt liegen die Repräsentationsbauten der Hohenzollern. Dort residierte die Führung der DDR, und heute nutzt die Bundesregierung einen Teil der historischen Bausubstanz. So bezog das Außenministerium beispielsweise ›Erichs Festung‹, den Sitz des Zentralkomitees der SED – ursprünglich als Reichsbank gebaut.

Genau an der Schnittstelle von Ost und West, zwischen Reichstagsgebäude im westlichen Bezirk **Tiergarten** und Brandenburger Tor im östlichen **Bezirk Mitte,** entstand das **Regierungsviertel** (▶ F–G 3–4). Es hat jetzt den neuen Superbahnhof, den ersten Kreuzungsbahnhof Berlins, der Paris und Moskau ebenso wie Elsterwerda oder Angermünde noch besser anbindet.

Auch der **Potsdamer Platz** (▶ F/G 5), vor zwanzig Jahren noch Wüste, nach der Zerstörung im Krieg als ›Todeszone‹ nicht wieder aufgebaut, entwickelte sich zum Bindeglied zwischen Ost und West, eine kleine Medieninsel mit Kinos und dem Filmmuseum.

Nikolaiviertel und Spandauer Vorstadt

Am Ufer der Spree erinnert noch das mittelalterlich anmutende Gassengewirr des **Nikolaiviertels** (▶ J 4) rund um die Nikolaikirche an die Wiege Berlins. Die originale Bausubstanz dieses historischen Zentrums wurde im Krieg weitgehend zerstört und durch Nachbildungen – teils durch Plattenbau – ersetzt.

In der weiter nördlich gelegenen **Spandauer Vorstadt** (▶ H–K 2–3), ein Arbeiter- und später jüdisches Viertel, geht es in den Restaurants, Galerien und Designerläden rund, besonders nachts. Künstler, Bordsteinschwalben, Berliner Urgewächse und Touristen geben sich bis zum Morgengrauen ein schrilles Stelldichein.

Charlottenburg

Der Stadtteil, der dem **Schloss Charlottenburg** (▶ westl. A 4) seinen Namen verdankt, war einst das bevorzugte Viertel preußischer Adeliger. Er strahlt noch immer eine gewisse Noblesse aus und ist als Wohnquartier bei ›Young Urban Professionals‹ beliebt. Zwischen Messegelände und Bahnhof Zoo treffen sich in Edellokalen und Traditionskneipen jene, die das Savoir-vivre schätzen.

Konsum und Kommerz konzentrieren sich um den gründerzeitlichen **Kurfürstendamm** (▶ A–C 6). An dem von Bäumen beschatteten Boulevard, als ›Schaufenster des Westens‹ während des Kalten Krieges auf Vordermann gebracht, bestehen heute Altes und Neues nebeneinander. Die Prachtstraße lädt zum Flanieren und Shoppen ein, zum Genuss par excellence von allem, was käuflich ist. Der **Savignyplatz** (▶ A/B 5) ist das Wohnzimmer des Kurfürstendamms. Um den ganzen Platz drängen sich echte Alt-Westberliner Cafés, Kneipen und Restaurants.

Berlins Szeneviertel

Kreuzbergs SO 36 (▶ J–L 5–7) und **Neukölln** (▶ südl. L–M 8) sind ein Schmelztiegel der Kulturen. Hier wohnen viele türkische Mitbürger, und es entsteht so richtig schön die Atmosphäre von ›Klein Istanbul‹ in Berlin. Gerade der Kiez rund um die **Oranienstraße** und das Kottbusser Tor ist filmreif – im wörtlichen Sinne, denn hier wird oft gedreht. Verschiedenste Geschäfte, französische Cafés neben japanischen, italienischen, vietnamesischen und natürlich: türkischen. Die Menschen kennen sich, das Flair ist cool und jung. Trotzdem laufen kopftuchtragende Mütter mit ihren Kindern genauso durch die Gegend wie die hippen, erfolgreichen ›Theatertürken‹, die die Szene aufmischen.

Wie in Kreuzberg vor dem Fall der Mauer fühlt man sich im neuen Szeneviertel **Friedrichshain** (▶ östl. M 4) um den Boxhagener Platz und die Simon-Dach-Straße: für junge Touristen ein Highlight. Nettokaltmieten von rund 5 €/m² sorgen für studentisches Flair.

Weiter nördlich in **Prenzlauer Berg** (▶ K–M 1), wo sich im 19. Jh. eine Mietskasernengegend ausdehnte, hat der Widerstand ›gegen die da oben‹ Tradition, auch zu DDR-Zeiten. Heute ist hier eine neue bürgerliche Idylle eingezogen, und die Kneipenszene rund um den Wasserturm und am Kollwitzplatz ist durchaus spannend.

Mehrstöckiges Verkehrskreuz in beeindruckender Architektur – Berlins neuer Hauptbahnhof

Schlaglichter und Impressionen

Berlin!

Andere Städte kann man sich für die Rente aufheben. Berlin ist Party für alle. Anfang der Neunziger schien es so, als verhielte sich Berlin wie eine Rakete kurz nach dem Start, noch ein bisschen wie in Zeitlupe verharrend. Heute erscheint die Triebkraft unaufhaltsam.

Berlin war von jeher Anziehungspunkt und Fluchtort für jene, die der Enge der Provinz oder der Etabliertheit anderer Großstädte entfliehen wollten. Unter diese explosive Mixtur der Unternehmungslustigen, Aufstrebenden und Neugierigen mischen sich die zahlreichen Besucher der Stadt, die sich ein Bild vom neuen Berlin machen wollen.

Sie erspüren an Ort und Stelle den Takt, der die Metropole zum Pulsieren bringt: 180 *beats per minute* in den Clubs; eine Dramatik, die das Herz in Wallung versetzt, bei den Festspielen der Lindenoper; eine anregende Rhythmusbeschleunigung in den nächtlichen Shows und Musicals; beruhigende Alphawellen beim Flanieren, Essengehen und Museumsbesuch oder während der Erholungspausen in einem Straßencafé.

Warum ist Berlin so hip?

Berlin hat eine außergewöhnliche Vergangenheit. Berlin ist um ein Drittel billiger als andere Metropolen. Die Sterne-Gastronomie bleibt erschwinglich. In Berlin kann man gut Rad fahren. Außerdem ist Berlin ungewöhnlich grün, Bäume stehen in fast allen Straßen. Die Clubs laufen das ganze Wochenende hindurch und sind für jede geschlechtliche Vorliebe offen. Berlin hat mehr Museen als Regentage. Und in der Stadt entwickelt sich immer wieder etwas Neues. Immer wenn man denkt, jetzt sei es aber mal gut mit den Baustellen, wächst irgendwo ein neues Hochhaus empor oder werden tiefe Tunnel für eine U-Bahn gegraben.

Der aufregendste Ort Europas

Die Verführung, die Nacht zum Tag zu machen, zählt zu den größten Attraktionen der Stadt. Berlin verfällt weder in Winterschlaf noch in sommerliches Phlegma – Berlin ruht nicht, sondern bietet mit 1500 Events pro Tag (!) fortlaufend Anregung und Inspiration – und wird dadurch zum Elixier für alle, die bürgerlicher Saturiertheit entfliehen möchten. Heute kommt Berlin vielen wie ein Themenpark vor, erfüllt von geballter Geschichte, Exotik und dem Traum von einer großen Zukunft. Der mit Abstand aufregendste Ort Europas.

Integrationskraft

Berlin ist Reibung, alles andere als stromlinienförmig. Stets zog es Menschen aus aller Welt in die Metropole. Angefangen bei den Hugenotten im 18. Jh. bis hin zu den Bosniern, die vor dem Krieg in ihrer Heimat flüchteten, kamen sie, weil diese Stadt ihnen bei allen Schwierigkeiten die Möglichkeit zu bieten schien, zu überleben und sich eine neue Existenz aufzubauen. Oder sie kamen, wie früher die Juden aus Russland und später die Schlesier oder heute die Menschen aus Polen, der Türkei und Russland, weil sie auf die Integrationskraft Berlins vertrauten, auf die Fähigkeit der Stadt, Neues aufzunehmen und es sogar für einen Prozess der Selbsterneuerung zu nutzen – wie eine Schlange, die sich ständig häutet.

nachts in den Clubs fort und werden von den Musikkanälen im Fernsehen übertragen. Überhaupt läuft Berlin im Fernsehen auf allen Kanälen.

Nur: In der partyfreudigen Hartz-IV-Metropole läuft sonst nicht so viel. Nur noch 39,4 % der Bevölkerung sind erwerbstätig (1991: 48 %). Fast genauso viele leben von staatlicher Unterstützung, nämlich 38,6 % (26 %). In ganz Berlin bekommt jeder 13. Haushalt Sozialhilfe, in den Problemkiezen lebt jeder sechste Haushalt von ›Stütze‹. 588 000 Berliner bezogen im Jahr 2011 Hartz IV, 126 Richter beschäftigen sich mit 117 000 Klagen gegen Hartz IV, jeder vierte Berliner muss mit monatlich weniger als 700 € zurechtkommen.

Ein Viertel der Jugendlichen aus ausländischen Familien verlässt die Schule ohne Abschluss, und 40 % schaffen mit Mühe die Hauptschule, obwohl mit dem hohen Anteil an zwei- und mehrsprachigen Bewohnern – um die zwei Millionen sind es – ein großes Potential brachzuliegen scheint. Die meisten sprechen übrigens Russisch, gefolgt von Türkisch und Polnisch. Erst dann spielt Englisch bei den Bilingualen eine Rolle.

Die Schulden Berlins haben unvorstellbare Dimensionen angenommen. Selbst wenn die größte Wohnungsbaugesellschaft mit einem Bestand von 65 000 Wohnungen, eine mittelgroße Stadt also, für 405 Mio. € an einen US-amerikanischen Investor verkauft wird, kann man damit nur einen Bruchteil der Zinsen zahlen, die bei einem Schuldenberg von über 60 Mrd. € (17 500 € pro Einwohner) im Jahr 2011 anfielen. Sekündlich steigen die Schulden um 51 €. Und Berlin ist auch privat das am höchsten verschuldete Bundesland – bei 16 % Arbeitslosenquote.

Zerreißprobe

Und was erwartet Berlin in den nächsten Jahren? Party und leere Kassen. Fast die gesamten Steuereinnahmen von 2009, immerhin 8,6 Mrd. €, gehen für Personalkosten drauf.

Doch die Stadt hat schon Schlimmeres erlebt. Bereits vor 500 Mio. Jahren war Berlin zerrissen. Damals gehörten

Türken in Berlin

872 000 Menschen mit Migrationshintergrund leben in Berlin (3,4 Mio. Einw.). Der Anteil der Einwanderer an der Bevölkerung beträgt 26 %. 414 000 Migranten besitzen einen deutschen Pass. In kurzer Zeit wird die Mehrheit der Kinder unter 5 Jahren ausländische Wurzeln haben. Viele leben in Kreuzberg, Neukölln und Wedding. Eine äußerst heterogene Gemeinde: aus ehemaligen ›Gastarbeitern‹, die nur gebrochen Deutsch sprechen, erfolgreichen Jungunternehmern, Politikern, strenggläubigen Moslems und jungen Frauen in knappen Kleidchen. Nach Protestantismus und Katholizismus ist der Islam die drittgrößte Glaubensgemeinschaft in Berlin. Es gibt 22 Moscheen und an die 80 Hinterhofmoscheen. 5500 türkische Firmen machten mit 27 000 Mitarbeitern einen Umsatz von 2,2 Mrd. € – Einzelhandel (50 %), Gastronomie (25 %), Baugewerbe (10 %). Der Zeitungshandel in Berlin ist fest in türkischer Hand. Manche meinen, die türkischen Unternehmen sollten mehr ausbilden, statt ›Onkel-Ökonomie‹ zu betreiben. Seit Ende der 1980er-Jahre kauften türkischstämmige Berliner 600 Immobilien, Wohnhäuser und Geschäftsgebäude, und türkische Firmen restaurieren die Stuckbauten der Gründerzeit.

Skandinavien und Mitteleuropa zwei verschiedenen Erdschollen an, und Berlin lag mitten auf der Grenze. Baltica gehörte zu Skandinavien (Berlins Norden), Avalonia war ein Stück von Afrika (Berlins Süden).

Die heutigen Besucher scheinen die tektonischen Spannungen, den dynamischen Umbau der Stadt, zu schätzen. Jedenfalls besuchten uns noch nie so viele Menschen. Während vor 15 Jahren noch 7,3 Mio. Übernachtungen im Jahr gezählt wurden, sind es inzwischen mehr als 20 Mio. Geschätzte 225 000 Berliner leben von Ihnen, von unseren Besuchern.

»Das Leben der Anderen«

300 Filme und Serienfolgen werden pro Jahr in Berlin gedreht: »Wolffs Revier«, »Rosa Roth«, »Das Leben der Anderen«, »Marlene«, »Stauffenberg« mit Tom Cruise usw. Es gibt eine eigene Stelle bei der Polizei dafür, die Fachabteilung Film- und Autorenberatung im Stab des Polizeipräsidenten. Polizeihubschrauber, ein authentischer Knast, Uniformen, Absperrgitter, Wasserwerfer und Polizeiboote können dort gemietet werden, was dem Location-, Beratungs- und Logistikunternehmen der Polizei Millioneneinnahmen beschert. »Good bye, Lenin« ist der größte Erfolg der Berliner Produktionsfirma X-Filme. 33 700 Menschen in 1700 Firmen arbeiten fürs Kino und für das Fernsehen – das ist deutscher Rekord.

Berlin ist preiswert

Für Besucher sind das vergleichsweise niedrige Kostenniveau und die Billiglöhne in der Gastronomie toll, denn die Verbraucherpreise sind entsprechend moderat, nämlich an zwölfter Stelle der europäischen Metropolen. Danach folgen Städte wie Bratislava, Prag oder Warschau. Berlin ist preiswert bis echt billig. Hotels, Klamotten, Ausgehen. Investieren Sie jetzt! Eine hübsche Zweitwohnung vielleicht oder ein attraktives Büro für die Lobbyarbeit. Wahrscheinlich findet man sonst nirgends so viele absolute Spitzenrestaurants zu solch gemäßigten Preisen. Gute Restaurants sind teuer. Hier auch. Aber hier sind sie weniger teuer.

Hausnummern

In Berlin kann man nicht davon ausgehen, dass gerade und ungerade Haus-

Daten und Fakten

Gründung: Der Ursprung Berlins sind die Kaufmannssiedlungen Cölln und Berlin, die 1237 bzw. 1244 erstmals erwähnt wurden. Großberlin in seiner heutigen Form entstand 1920 durch eine Gebietsreform.
Größe: 88 912 ha, knapp 900 km², davon 67,8 % Siedlungsfläche, 17,5 % Wald und 6,4 % Wasser.
Bevölkerung: 3,4 Mio. Einwohner, fast so viele wie Hamburg, München und Köln zusammen (darunter 872 000 mit Migrationshintergrund). Das Bundesland Brandenburg (2,5 Mio.) umschließt Berlin.
Verwaltungsstruktur: Berlin ist in 12 Bezirke gegliedert, jeder hat einen eigenen Bürgermeister. Die Regierung, der Senat, sitzt im Roten Rathaus.
Superlative: Berlin hat mehr Brücken als Venedig, mehr Kanäle als Amsterdam. Der Fernsehturm ist mit 368 m Höhe der dritthöchste der Welt.

Geschlossene Häuserzeilen aus der Gründerzeit prägen das Bild der Spandauer Vorstadt

nummern etwa auf gleicher Straßenhöhe einander gegenüberliegen. 1798 wurde festgelegt, dass die Häuser, wie z. B. am Ku'damm, vom ehemaligen Stadtschloss aus gesehen rechts hinauf- und links heruntergezählt werden sollten. Heute führen die meisten Nummerierungen vom Alex aus wechselseitig nach außen.

Berlin, Bärlin

Leider hat damals keiner daran gedacht aufzuschreiben, warum der Bär zum Wappen Berlins wurde. Der Bär taucht 1280 erstmals auf einem Siegel auf. Die Forscher und Sprachwissenschaftler kommen zu keiner einheitlichen Meinung. Weil Berlin lange slawisch bevölkert war, könnte es gut sein, dass der Name Berlin vom altpolonischen Begriff für ›Stadt am Sumpf‹ hergeleitet werden kann. Das ist nun nicht gerade toll, so matschig und irgendwie im Abseits. Viel schöner klingt die Erklärung anderer Wissenschaftler, die Berlin als ›Bärenlager‹ deuten. Die Bären kannten die Furt durch die Spree und lagerten in der Nähe. Menschen freuten sich, diese Furt auch nutzen zu können, und siedelten sich an. Bärlin ist auch unseren Englisch sprechenden Besuchern als *bear-lin* prima zu erklären. Deswegen bleiben wir dabei.

Geschichte, Gegenwart, Zukunft

Gründung

An einer Furt gab es auf beiden Seiten der Spree je eine kleine Kaufmannssiedlung. Berlin wurde 1244 erstmals in einer Urkunde erwähnt, die Siedlung gegenüber, Cölln, bereits 1237. Jüngste Ausgrabungen in der Nähe des Roten Rathauses belegen, dass hier schon früher Menschen lebten.

Berlin unter den Hohenzollern

1440 ging die freie Handelsstadt Berlin an die Hohenzollern. Die Berliner wollten sich ihnen nicht unterwerfen, sie setzten die Baustelle des Schlosses unter Wasser und verjagten die Finanzbeamten. Doch schließlich unterlag ihr Freiheitswille. Die Hohenzollern blieben bis 1918 an der Macht.

Im Dreißigjährigen Krieg blutete Berlin aus, Ende 1648 hatte es nur noch 6000 Einwohner. Der Große Kurfürst Friedrich Wilhelm lud die aufgrund ihrer Religion bedrängten Hugenotten aus Frankreich ein, sich in der Stadt niederzulassen. Sein Sohn krönte sich 1701 in Königsberg als Friedrich I. zum König in Preußen. Der legendäre Friedrich der Große (reg. 1740 – 1786), ein aufgeklärter Herrscher, bei dem jeder nach seiner Fasson glücklich werden sollte, legte die Struktur von Berlins historischer Mitte an und katapultierte Preußen durch mehrere Kriege zu den fünf großen europäischen Mächten empor.

Napoleon zog 1806 in Berlin ein, die Quadriga wurde vom Brandenburger Tor als Beutegut nach Paris geschafft. Gleichzeitig gab der Geist der französischen Revolution den preußischen Reformern Aufwind. 1848 wollte das erstarkende Bürgertum wie in ganz Europa an der Macht beteiligt werden. Die Revolution wurde militärisch niedergeworfen.

1871, nach dem erfolgreichen Krieg gegen Frankreich, wurde Berlin Hauptstadt des Deutschen Reiches. Preußen ging in Deutschland auf. Mit den hohen Reparationszahlungen aus Frankreich begann eine Zeit städtischer Prachtentfaltung und industrieller Expansion, die Gründerzeit. Von 1882 bis 1905 wuchs die Einwohnerzahl Berlins von zwei auf drei Millionen.

Weimarer Republik

Aus dem Ersten Weltkrieg 1914–1918 kamen die Deutschen geschlagen zurück. Der Krieg endete in der Revolution, die Hohenzollern dankten ab und die Republik wurde ausgerufen. 1920 schloss man sieben Städte, 59 Gemeinden und 27 Gutsbezirke zur 4 Mio. Einwohner zählenden Metropole Groß-Berlin zusammen – mehr Menschen als heute. Täglich erschienen in der Stadt 150 Zeitungen, die Varietés blühten, die Funkausstellung, die AVUS-Auto- sowie Sechstagerennen zogen die Massen an. Unsicherheit, ständig wechselnde Regierungen und die Weltwirtschaftskrise erschütterten das Land.

Berlin im Nationalsozialismus

1933 wurden die Nationalsozialisten zur stärksten Partei, sie nutzten den Reichstagsbrand zur Ausschaltung jeglicher Opposition und machten die Olympischen Spiele 1936 zur Propagandaschau. 1938 wurden Synagogen zerstört, und die Vernichtung der Juden beraubte Berlin einer kulturprägenden Bevölkerungsgruppe.

1945, am Ende des Zweiten Weltkrieges, war Berlin Europas größte Ruinenlandschaft mit 2,4 Mio. Einwohnern. In der Schlacht um Berlin kamen mehr als 200 000 Menschen ums Leben. Die von der sowjetischen Armee eroberte Stadt wurde unter den Alliierten – UdSSR, USA, Großbritannien und Frankreich – in vier Sektoren geteilt.

Geteilte Stadt

Von Juni 1948 bis Mai 1949 blockierten die Sowjets die Zufahrtswege nach West-Berlin. Die Stadt lag mitten in der sowjetischen Zone. Eine von Amerikanern, Briten und auch Franzosen organisierte ›Luftbrücke‹ versorgte Berlin, amerikanische Piloten warfen aus ›Rosinenbombern‹ Schokolade für die Kinder ab. Der sowjetische Teil der Stadt gehörte zur DDR, die 1949 als zweiter deutscher Staat in der sowjetisch besetzten Zone gegründet worden war.

Am 17. Juni 1953 schlugen sowjetische Panzer einen Arbeiteraufstand in Ost-Berlin nieder. Am 13. August 1961 ließ die DDR-Führung eine Mauer um West-Berlin errichten. Mehr als 3 Mio. Bürger waren dem System schon entflohen. Es ist die Zeit konkurrierender politischer und wirtschaftlicher Systeme diesseits und jenseits der Mauer und die Zeit der Spione, Agenten und Spitzel.

Im Westen der Stadt löste am 2. Juni 1967 während einer Demonstration gegen den Schah von Persien die Erschießung des Studenten Benno Ohnesorg durch einen Polizisten – inzwischen als Spitzel der ostdeutschen Staatssicherheit identifiziert – die Studentenunruhen und die sogenannte 68er-Bewegung in West-Deutschland aus.

Zusammenwachsen

Der Zerfall des sogenannten Ostblocks unter dem russischen Präsidenten Gorbatschow, die Schwäche der DDR-Führung und der massiv vorgetragene Wille der DDR-Bevölkerung zur politischen Veränderung führten am 9. November 1989 zum Fall der Mauer und am 3. Oktober 1990 zur Wiedervereinigung Deutschlands. 1999 zog die Regierung von Bonn am Rhein nach Berlin um.

Aufwendiges Reiterdenkmal für Friedrich den Großen am Forum Fridericianum

Berlin baut Zukunft

Berlin wird weiter umgebaut. Die Stadt, die einst mehr Einwohner hatte als heute, ist großzügig mit Platz gesegnet. Zwischen Rotem Rathaus und uralter Marienkirche, rund um den Neptunbrunnen, liegt gleich unter dem Pflaster der ehemalige Neue Markt. Diesen Gründungsort Berlins ließ die DDR-Regierung abräumen. Aber in wenigen Jahren wird hier wieder ein neues Viertel entstanden sein. Darüber diskutiert Berlin momentan. Und wieder geht die Diskussion auf das Engagement von Bürgern zurück, wie beim Holocaust-Mahnmal oder beim Erhalt der historischen Mitte und des Lustgartens.

Reiseinfos von A bis Z

Anreise

... mit dem Flugzeug

Flughafen Tegel (TXL): ► Karte 5. Die Anbindung an den ÖPNV ist sehr gut: Der Bus 109 fährt bis Jakob-Kaiser-Platz (Anbindung an die U 7) und weiter bis Bahnhof Zoo. Der Expressbus X9 fährt bis Kurfürstenstraße/Lützowplatz (Hotelviertel). Der TXL-Express-Bus verkehrt tgl. von 6.30 Uhr bis 22 Uhr, meist im 15-Min.-Takt, u. a. zum Reichstagsgebäude, Unter den Linden, Alexanderplatz. Der Flughafen Tegel wird geschlossen, ab Oktober 2013 wird der Flugverkehr über den neuen Flughafen (BER) abgewickelt.

Flughafen Schönefeld (SXF): ► Karte 5. Die Eröffnung des neuen Flughafens Berlin Brandenburg (BER), der an Schönefeld angrenzt, wurde auf Ende Oktober 2013 verschoben. In die City kommt man mit der Bahn meist schneller als mit dem Auto. Von Schönefeld fährt man mit dem Airport Express über Ostbahnhof zum Bahnhof Zoo in 30 Min. oder mit der S45 über Tempelhof bis zum Messegelände in Charlottenburg (Bahnhof Messe Nord/ICC). Der Flughafen liegt neuerdings im BVG-Bereich ABC (teurer), nicht mehr in der Tarifzone AB wie die Innenstadt (s. S. 22).

Hinweise für Autofahrer: Insgesamt münden sechs Autobahnen auf den Berliner Ring, der rund um die Stadt führt und somit Zugang zu allen Stadtteilen schafft. **Parken** ist in der gesamten Innenstadt rund um die Uhr gebührenpflichtig. Auf den Dreh ist der Bezirk Mitte gekommen, der Einnahmen braucht, Tag und Nacht. Die Gilde der Abschleppunternehmen ist gut organisiert und schneller vor Ort, als man sich vorstellen kann. Achten Sie genau auf Halteverbote und ganz besonders auf Schilder an Baustellen und Einfahrten. Wenn das Auto weg ist, erfährt man unter Tel. 030 466 40, wo es steht und wie man es auslösen kann. Im Berliner Zentrum gilt ein Fahrverbot für Pkw ohne **Feinstaubplakette**. Diese muss man sich bei einer Kfz-Zulassungsbehörde oder einer Abgasuntersuchungsstelle besorgen. Manche Hotels bieten ihren Gästen einen entsprechenden Service. Näheres zu den Bestimmungen unter www.berlin.de (unter dem Stichwort Umweltzone suchen).

... mit der Bahn

Haltepunkt für Fernzüge ist der **Hauptbahnhof** (► F 2/3) beim Regierungsviertel. Am Bahnhof Zoo halten keine Fernzüge. Für den Stadtteil Mitte und den Osten liegt der **Ostbahnhof** (► M 5) günstiger. Die Berliner Bahnhöfe für Fernverbindungen sind an das Netz der U- und/oder S-Bahn angebunden.

Zentrale Zugauskunft:
Tel. 01805 99 66 33
Deutsche Bahn: www.bahn.de

... mit dem Bus

Busverbindungen bestehen zu nahezu allen Städten in Deutschland und vielen größeren Städten in Europa. Der Busbahnhof befindet sich am Messegelände in Charlottenburg, gegenüber dem ICC, Masurenallee 4 (U: Kaiserdamm, Bus 149 vom Zoologischen Garten, S: Messe Nord/ICC). Auskunft: Tel. 030 861 93 31, www.berlinlinienbus.de.

Mitfahrzentralen:
Tel. 0180 503 11 99 11, www.mitfahrzentrale.de. Kostenlose Vermittlung: www.mitfahrgelegenheit.de.

Feste und Festivals

Berlinale: Februar, www.berlinale.de. Das wichtigste Filmfestival Europas. Mit Stars, aber für das Volk.
Karneval der Kulturen: Pfingsten, www.karneval-berlin.de. Bunter, wilder Straßenkarneval mit unzähligen Veranstaltungen und Partys in Kreuzberg.
Christopher Street Day: Juni, www.sd-berlin.de. Riesige schwul-lesbische Parade stundenlang quer durch Berlin.
Fashion Week: Juli, www.fashion-week-berlin.com/de. Top-Designer und viel Glamour.
Bread & Butter: Juli. Überwiegend Street Wear, Super-Messe auf dem ehemaligen Flughafen Tempelhof.
Classic Open Air: Juli, www.classicopenair.de. Klassische Konzerte auf dem Gendarmenmarkt.
Historiale: Ende August, www.historiale.de. Europas größtes Geschichtsfestival; jedes Jahr steht unter einem bestimmten Motto.
Popkomm: im September, www.popkomm.de. Musikmesse, Business und fürs Volk.
Silvester: Party auf der Mutter aller Fanmeilen zwischen Siegessäule und Brandenburger Tor.

Fundbüros

Allgemein: Platz der Luftbrücke 6, Tel. 030 90 27 70 31 01, Mo, Di, Fr 9–14, Do 13–18 Uhr, www.berlin.de/zentrales-fundbuero.
BVG: Potsdamer Str. 180/182, Tel. 030 194 49.
S-Bahn: im Ostbahnhof (► M 5), Tel. 01805 99 05 99.

Informationsquellen

Touristen-Information

Visitberlin.de: Tel. 030 25 00 25, www.visitberlin.de
Hauptbahnhof: ► F 2/3, tgl. 8–22 Uhr.
Kranzler Eck: ► B 6, Kurfürstendamm 21/Passage, tgl. 10–20, So bis 18 Uhr.
Brandenburger Tor: ► G 4, Südliches Torhaus, tgl. 9.30–19 Uhr.

Magazine mit aktuellen Infos

Zitty: alle zwei Wochen, 3,50 €.
TIP: alle zwei Wochen, 3,50 €.
Berlin Programm: monatlich, 2 €.
[030]: alle zwei Wochen mit Szene-/Partytipps, gratis in Kneipen.
Siegessäule: Monatszeitschrift für Schwule und Lesben, gratis.

Berlin im Internet

www.berlin.de: Die offizielle Informationsseite der Stadt ist extrem umfangreich, auch für Kunst und Kultur, und dient als zentrales Web-Portal mit den Seiten des Berliner Senats als Einstieg. Über die Berliner Mauer findet man hier unter www.berlin.de/mauer eine ausführliche Darstellung, auch mit Links. Bestens geeignet zur Vorbereitung einer Reise oder zum Stöbern
www.visitberlin.de: Zur Vorbereitung einer Reise in die Hauptstadt ist auch diese Seite gut geeignet. Um einiges schneller als berlin.de, übersichtlich und auf die Bedürfnisse von Touristen eingestellt. Man wird nicht mit Werbung zugemüllt, erfährt für die aktuelle Planung, was gerade los ist. 50 Top-Sehenswürdigkeiten und ein Online-Museumsführer erleichtern die Orientierung. Hotels und Tickets für Veranstaltungen bucht man am besten hier.

www.dhm.de: Zur Geschichte der Stadt informiert am ausführlichsten das Deutsche Historische Museum.

www.berlinstory.de: Eine umfangreiche Sammlung von Links zu Berlin, übersichtlich nach Themen gegliedert, findet sich auf der Homepage dieser Berlin-Buchhandlung. Hunderte regelmäßig aktualisierter Links, die nur kommentiert sind, falls sich nicht von alleine ergibt, um was es sich handelt.

www.orte-der-erinnerung.de: Museen, Gedenkstätten und Dokumentationszentren zur Geschichte der nationalsozialistischen Diktatur in Berlin und Brandenburg.

www.berliner-zeitung.de: Die »Berliner Zeitung« bietet eine übersichtliche Internetseite, auf der sich frühzeitig die aktuellen Meldungen aus Berlin finden lassen.

www.morgenpost.de: Die Website der »Berliner Morgenpost«. Auch unter welt.de findet man viel über Berlin.

www.tagesspiegel.de: Hier arbeiten »Der Tagesspiegel« und das Stadtmagazin »Zitty« zusammen. Gute Übersicht und gute Verlinkung, die Ausgabe des nächsten Tages ist früh im Netz.

www.berliner-stadtplan.com: Hausnummergenau suchen auf der sehr schön gezeichneten und übersichtlichen Karte von Pharus, dem traditionsreichen Berliner Kartenverlag.

Kinder

Berlin von oben

Wenn Sie sparsam sind, versuchen Sie es mit der Reichstagskuppel, da kostet es nichts. Toll ist der Fernsehturm am Alex, ebenso die Dachterrasse des Hotels Park Inn gegenüber, ziemlich gut der Ausblick vom debis-Haus am Potsdamer Platz, wo der Wunsch entstehen könnte, mit dem Hi-Flyer-Ballon 150 m aufzusteigen. Sportliche können zur Siegessäule hinaufkraxeln.

Stadtführungen/Rundfahrten

Fünf unterschiedliche Touren für Kinder ab acht Jahren, die auch für Eltern interessant sind, bietet Stattreisen (www.stattreisen.de) an. So kann man wie einst Emil und seine Detektive dem finsteren Dieb, Herrn Grundeis, folgen und dabei etwas über das Leben der Bewohner früher und auch über die Mauer erfahren. Man kann natürlich auch auf eigene Faust rundfahren, beispielsweise mit den Bussen 100 und 200 von West nach Ost.

Zoo und Aquarium

Berlin hat zwei beachtliche Tierparks, den Zoologischen Garten mit Aquarium im Bezirk Tiergarten (s. S. 54) und den riesigen Tierpark Friedrichsfelde (s. S. 80). Das Aquarium beherbergt auch Haie und Krokodile.

Museen

Besonders zu empfehlen sind das riesige Deutsche Technikmuseum (s. S. 75) für einen halben Regentag, das Museum für Kommunikation (s. S. 51) für ein bis zwei Stunden oder das Naturkundemuseum mit imposanten Dinosaurierskeletten (s. S. 78).

Varieté, Zauberei, Theater

Faszinierendes Varieté (Zauberei, Jonglage) zeigen der Wintergarten und das Chamäleon. Im Theater an der Parkaue in Lichtenberg werden Klassiker des Kinder- und Jugendtheaters gegeben. Oder gehen Sie ins Grips-Theater. Gehen Sie selbst mit! Egal was gerade läuft – eins der besten Berliner Theater.

Baden

Für einen Badeausflug bietet sich das **Stadtbad Neukölln** (s. S. 21) an. Hier

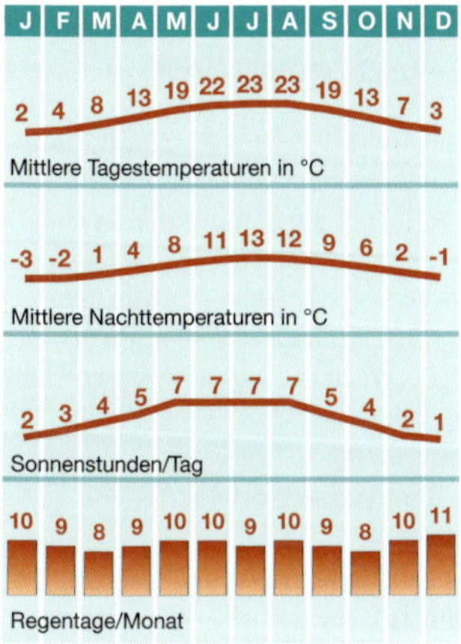

Klimadiagramm Berlin

gibt es alles, was Kinder müde macht. Bestes Buddelstrand-Feeling kommt im **Wannsee-Strandbad** (s. S. 21) auf, dessen Strand mit echtem Ostseesand aufgebessert wurde.

Minigolf

Ein ganz besonderer Tipp ist das **Schwarzlicht-Minigolf** in der Görlitzer Str. 1, Haus 1, www.indoor-minigolf-berlin.de, U Görlitzer Bahnhof. Das Ganze findet innen statt, wo man es so richtig schön dunkel machen kann, damit die UV-Farben an Wänden, Bällen und Schlägern leuchten können. Ein fast psychedelisches Erlebnis mit toller Deko, Indoor-Spielplatz (5,50/4,50 €).

Mehr Adressen

FEZ Wuhlheide: Eichgestell, Köpenick, Tel. 030 53 07 15 05, www.fez-berlin.de, S: Wuhlheide, 10 Min. zu Fuß, tgl. 9–18/22 Uhr, Ferienzeiten 11/12–18 Uhr, Eintritt frei. Ein Kinderparadies mit Spielplatz, Kletterturm, Skateboard-Halfpipes, Ponyreiten, Parkeisenbahn und Raumfahrtzentrum mit Raumfahrttrainingseinrichtungen zum Testen.

Labyrinth Kindermuseum: Osloer Str. 12, Tel. 030 80 09 31 15 00, www.labyrinth-kindermuseum.de, U 8: Pankstraße, U 9: Osloer Straße, Fr, Sa 13–18, So 11–18 Uhr, 4,50 €, Fr 3,50 €, Familien 13 €. Ein Anfass- und Mitmachmuseum für Kinder von 4–12 Jahren.

Loxx Miniatur Welten: im Alexa, Alexanderstr. 4, Tel. 030 44 72 30 22, www.loxx-berlin.de, S/U: Alexanderplatz, tgl. 10–20 Uhr, 12 €, Kinder bis 14 Jahre ab 1 m Größe 7 €. Modelleisenbahn-Anlage Berlins auf derzeit 700 m², mit Donnern und Blitzen, ein Wunderwerk an Mechanik und Elektronik, aber auch eine liebevolle Gestaltung der Stadt.

Klima und Reisezeit

Berlin liegt im Bereich des Übergangs zum kontinentalen Klima, im Sommer kann es daher sehr heiß und im Winter sehr kalt werden. Denken Sie also beim Packen daran, dass es in Berlin im Herbst und Winter bedeutend kühler und windiger sein kann als beispielsweise in West- oder Süddeutschland.

Der Februar ist der dunkelste Monat des Jahres in Berlin, die meisten Besucher kommen von März bis zur Jahreswende. Draußen sitzen kann man ab ca. April immer länger, ob in Straßencafés, Strandbars, Biergärten oder Restaurants. Die dünne Ozonschicht und der lange Sommer geben zwischen Juni und September ihr Bestes.

Öffnungszeiten

Läden: In der Innenstadt sind Ladenöffnungszeiten von 10 bis 20 Uhr, Montag bis Sonnabend, Standard, nur einige Läden schließen samstags um 16 Uhr. Durch den Kampf um die Ladenöff-

Sicherheit und Notfälle

Berlin ist, abgesehen von Autodiebstählen und Taschendieben, ein ruhiges Pflaster. Im Gedränge sollte man auf das Portemonnaie achten, besonders wenn man gerade von einem Bankautomaten kommt, in einem Café sitzt oder mit einem Bus der Linien 100, 200, M19, M29 oder 148 fährt bzw. gerade ein- oder aussteigt. Täglich gibt es laut Statistik 46 Taschendiebstähle. Diebe drängeln, rempeln, halten einen Stadtplan hin oder wollen Geld wechseln. Daher: Cash gehört an den Körper, Ausweise und Kreditkarten auch. Wenn es zu spät ist: Sofort (!) alle Karten sperren lassen.

Polizei: Tel. 110; **Feuerwehr:** Tel. 112

Ambulanz, Rettung: Tel. 112; **Ärztlicher Bereitschaftsdienst:** Tel. 030 31 00 31; **Zahnarzt** (telefonische Ansage): Tel. 030 89 00 43 33

Apotheken-24-Stunden-Dienst: im Hauptbahnhof

Drogen-Notdienst: Tel. 030 192 37; **Giftnotruf:** Tel. 030 192 40

Bahnhofsmission am Bahnhof Zoo: Tel. 030 313 80 88

Pannenhilfe: ADAC, Tel. 0180 222 22 22

EC-Kartensperrung/Kreditkarten: Tel. 11 61 16; Visa, auch für Fremdsprachen (nur mit deutscher Sim-Karte): Tel. 0800 814 91 00; American Express: Tel. 069 97 97 10 00

Handy sperren: T-Mobile,Tel. 0180 330 22 02, mit einem Telekom-Handy: 22 02; Vodafone, Tel. 0800 172 12 12, aus dem Vodafone-Netz: 12 12; Base: 0163-163-11 40, aus dem Base-Netz: 11 40; O2 Tel. 01804 055 222, aus O2-Netz: 55 222

Diplomatische Vertretungen:

Österreich: Stauffenbergstr. 1, 10785 Berlin, Tel. 030 20 28 70, www.oesterreichische-botschaft.de, Mo, Di 9–13, Mi 12–16, Do, Fr 9–13 Uhr. Schweiz: Otto-von-Bismarck-Allee 4a, Mitte, 10557 Berlin, Tel. 030 390 40 00, www.botschaft-schweiz.de, Mo–Fr 9–12 Uhr.

nungszeiten geht es wild durcheinander. Aber shoppen klappt trotzdem.

Banken haben teils bis 16 Uhr, manche aber auch bis 18 Uhr auf. Die Geldautomaten sind überall jederzeit zugänglich.

Restaurants: Viele Lokale haben am Sonntagabend zu. Die genauen Zeiten sind jeweils bei den Empfehlungen im Buch angegeben.

Clubs: In den Clubs geht es erst sehr spät los. Wenn um 22 Uhr noch kein Türsteher da ist, bedeutet das nicht, dass der Club geschlossen wurde, sondern dass Sie zu früh da sind. Die Masse angesagter Partygänger feiert ab etwa 1 Uhr.

Museen: haben in der Regel von 10 bis 17/18 Uhr geöffnet, einige bieten an einem Tag der Woche längere Öffnungszeiten, die meisten staatlichen Museen am Donnerstag. Und nicht alle Museen sind montags geschlossen, z. B. ist das Berlin Museum, Unter den Linden 40, tgl. 10–20 Uhr geöffnet.

Rauchen

Das Rauchen ist in öffentlichen Gebäuden und in Gaststätten generell verboten. Ein-Raum-Kneipen können eine Rauchergenehmigung haben. Betreten werden dürfen sie dann aber erst ab 18 Jahren.

Reisen mit Handicap

Berlin ist recht flach und daher relativ gut mit dem Rollstuhl zu befahren. Alle neuen Einkaufszentren sind behindertengerecht gebaut. Alle Museen haben Lifts, manchmal etwas umständlich, aber es geht immer. Ebenso ist es mit den Kinos. Die Multiplexe sind neu, finden sich überall in der Stadt und sind immer auch für Rollstühle geeignet. Den Rollstuhlpannendienst erreicht man unter Tel. 0177 833 57 73 oder www.rollstuhlpannendienst.de.

Sport und Aktivitäten

Joggen und Skaten

Für den Jogger auf Berlinbesuch ist der Tiergarten das erste Ziel. Dort ist es einfach, sich zu orientieren. Mit der Karte hinten in diesem Buch kann man die Strecke planen. Aber man könnte auch klassisch durch den Schlosspark Charlottenburg laufen (einfach außen die längste Strecke), durch die Hasenheide, vorbei am Denkmal für Turnvater Jahn im Volkspark Friedrichshain, durch den Görlitzer Park und weiter entlang dem Landwehrkanal zum Urbanhafen und Engelbecken. Wenn Sie größere Ambitionen haben, schauen Sie auf www.berlin-marathon.com. Dort finden sich auch Infos zum größten Skater-Marathon. Auskünfte: SCC Running Events, Olympiapark, Hanns-Braun-Str./Adlerplatz, Tel. 030 30 12 88 10.

Radfahren

Theoretisch kann man in Berlin prima Rad fahren, weil die Stadt fast so flach wie eine Scheibe ist. Räder können auch an vielen Stellen gemietet werden (s. S. 23). In der Praxis ist die Stadt allerdings nicht überall radfreundlich (große Verkehrsdichte, unübersichtliche Kreuzungen, teils holprige Pflasterstraßen); im Zentrum gibt es aber immer mehr Radwege, und häufig sind Entfernungen für Radfahrer ausgeschildert.

Schwimmen und Saunen

Alles über alle Bäder von Luxus bis Plantschen, draußen und in der Halle, findet man unter www.berlinerbaeder betriebe.de.

Stadtbad Neukölln: ■ **südöstl. M 8,** Ganghoferstr. 3, Tel. 030 68 24 98 12, U 7: Rathaus Neukölln, Mo 14–17, Di, Mi 14–18.30, Do 14–22, Fr 13–22, Sa 8–16 Uhr. Das Schwimmbad wurde 1914 eröffnet und gehörte zu den schönsten Europas. Der Architekt Reinhold Kiehl nahm antike Themen zum Vorbild.

Wannsee-Strandbad: ■ **Karte 5,** Wannseebadweg 25, Tel. 030 80 35 60, S1, S 7: Wannsee, Nikolassee, in der Saison Mo–Fr 10–20, Sa–So 8–21 Uhr, Eintritt 4, ermäßigt 2,50 €. »Pack die Badehose ein, nimm dein kleines Schwesterlein und dann nüscht wie raus zum Wannsee.« Im Sommer ist es rappelvoll.

Hilton Health Club: ■ **Karte 2, H 4,** Mohrenstr. 30, Tel. 030 20 23 42 40, www. hilton.de/berlin, U: Mohrenstraße, Mo–Fr 6.30–22, Sa, So 7–22 Uhr, Tageskarte 39 €. Besondere Angebote in dem 700 m² großen ›Living Well Express‹-Fitnessbereich sind exotische Massagen, z. B. hawaiianische Lomi-Lomi-Massage. Außerdem stehen Rhassoulbad und Thalasso-Anwendungen zur Verfügung, auch klassische Sauna und Cleopatrabad mit Ziegenmilch und Blumendeko. Nebenan kann man sich an Cardio- und Fitnessgeräten ins Schwitzen bringen.

Sultan Hamam: ■ **F 7,** Bülowstr. 57,

Wellness: Die Hotels in Berlin Mitte verweisen ihre Gäste gern an den **Holmes Place Club, ■ Karte 2, H 4,** Mohrenstr. 50, Tel. 030 20 62 49 49, www.holmesplace.de, Mo–Do 6–23, Fr bis 22, Sa–So 8–22 Uhr. Auf 5000 m² findet man die modernsten Geräte, einen Pool und jede Art von Dampfbädern, Massagen und Beautybehandlungen. Tageskarte 29 €. Ansonsten haben die ganz großen Hotels oft eigene Wellnessbereiche – die man teilweise recht teuer bezahlen muss.

Tel. 030 21 75 33 75, U: Bülowstraße, Di–Sa Frauentag 12–23 Uhr, Mo Männertag von 12–23 Uhr, So Familientag 12–23 Uhr. 3 Std. 16 €, 5 Std. 21 €. Ruhe und Entspannung finden seit 1999 überwiegend Frauen in Deutschlands größter türkischer Dampfsauna. In Gold und Rot und Blau leuchten die Kissen und Teppiche des großen Aufenthaltsraums, in dem es ganz leicht nach Zitronenöl duftet, untermalt von orientalischen Klängen, absolut dezent.

Zuschauersport

Hertha BSC: Tickets für eine Heimpartie des Fußballclubs im Olympiastadion erhält man über www.herthabsc.de.
Alba: Das seit Jahren erfolgreiche Basketballteam wurde achtmal Deutscher Meister. Die ›Albatrosse‹ erlebt man in der O2-World-Arena (■ **östl. M 5,** s. S. 115), Tickets via www.albaberlin.de.
Eishockey: Karten für ein Spiel mit den Berlin Capitals, ›Die Preussen‹, gibt es bei www.berlin-capitals.de, Karten für die Eisbären bei www.eisbaeren.de. Die Spiele werden in der **O2-World-Arena** (■ **östl. M 5**) ausgetragen.
Galopprennbahn Hoppegarten: ■ außerhalb, Karte 5, Goetheallee 1, Dahlwitz, Tel. 03342 389 30, S 5: Hoppegarten, April–Okt. ab 12 Uhr. Spaziergänge auf dem Gelände sind jeden Tag möglich.
Trabrennbahn Mariendorf: ■ südl. G 8, Mariendorfer Damm 222, Tel. 030 740 12 12, www.berlintrab.de, U 6: Alt-Mariendorf, Do 18, So 13.30 Uhr, Eintritt So ab 3 €. Trabrennsport und Wetten.

Telefon und Internet

Vorwahl für Berlin 030, für Deutschland +49, danach die erste ›0‹ der Vorwahl weglassen.

Unterwegs in Berlin

Öffentlicher Nahverkehr

Das U- und S-Bahn-Netz ist gut ausgebaut. Tageskarten kosten für zwei Tarifzonen, das ist der gesamte Stadtbereich, 6,50 €, ermäßigt 4,60 €, Einzelfahrten 2,40 €/1,50 €. Potsdam und einige Randbereiche gehören in die dritte Tarifzone. Die 7-Tage-Karte für das Innenstadtgebiet kostet pro Person 28 €. Interessant sind Kleingruppenkarten. Sie sind nach dem (Selber-)Stempeln für 5 Personen bis zum nächsten Tag um 3 Uhr gültig und kosten 15,50 €. Für Schulklassen gibt es Gruppentageskarten. Näheres auf der BVG-Homepage. Alle Tickets bekommt man am Automaten.

Betriebsbeginn der U-Bahn ist gegen 4 Uhr, Betriebsschluss um Mitternacht, einige Strecken werden durchgehend bedient. Ein dichtes Busnetz sorgt dafür, dass auch abseits der Bahnlinien keine Versorgungslücke entsteht. Zahlreiche Nachtbusse fahren im Halbstundentakt. Im BVG-Kiosk am Zoo gibt es einen Nachtliniennetzplan gratis. Im Ostteil der Stadt verkehren außerdem Straßenbahnen.
Infos: Tel. 030 194 49, www.bvg.de.

Taxis

In aller Regel braucht man in Berlin nicht lange zu warten, bis eines der 7200 Taxis vorbeikommt.

Funktaxis: Tel. 030 26 10 26, 44 33 22, 20 20 20, 21 02 02.

Die Fahrt vom neuen Flughafen Berlin Brandenburg in die Innenstadt von Berlin wird voraussichtlich etwa 50 € kosten. Die Taxiverbände von Brandenburg (teurer) und Berlin (günstiger) streiten noch. Die Kurzstrecke gilt für 2 km und kostet 4 € (vor Fahrtbeginn ansagen, geht nur beim herangewunkenen Taxi).

Autoverleih

Avis: Berlin Ostbahnhof, Koppenstr. 3; Kronenstr. 16, Ecke Friedrichstr., Tel. 030 240 79 40, www.avis.de

Sixt: Nürnberger Str. 65, Tel. 0180 525 25 25, www.sixt.de.

Fahrradverleih

Gebühren: 1 Std. 5 €, pro Tag ca. 15 €, bei drei Tagen 35 €, pro Woche 50 €.

Zentrale Reservierungsnummer: Tel. 0180 510 80 00, www.fahrradstation.de.

Verleih-Stationen: Dorotheenstr. 30, Leipziger Str. 56, Augustastr. 29a, Bergmannstr. 9, Goethestr. 46, Kollwitzstr. 77, Mo–Fr 10–19/20, Sa 10–16/18, So 10–16 Uhr (nur Dorotheenstraße).

Call a Bike: Tel. 0700 052 25 52 (12,6 Cent/Min.), www.callabike.de; einfach mal reinschauen: einmal angemeldet, geht es ganz simpel. Standort auch online; 8 Cent/Min., 15 €/Tag, 48 €/Jahr.

Fahrradtaxi

In den eiförmigen Dreirädern finden zwei Erwachsene Platz, die sich von der Rikscha auf festen Strecken (45 €/Std.) oder Touren (März–Okt. tgl. 10–20 Uhr) fahren lassen können. Einfach anhalten oder Tel. 030 93 95 83 46, www.biketaxi.de.

Stadtrundfahrten

Zu empfehlen ist eine Fahrt mit dem Bus 100, der an vielen Sehenswürdigkeiten vorbeifährt. Bus 200 passiert den Potsdamer Platz. Eine quasi stadtsoziologische Tour bietet der Bus M29 von Neukölln, dem ärmsten Bezirk, über Kreuzberg und den Ku'damm bis fast ins

Berlin vom Wasser aus

Berlin wirkt vom Wasser aus ganz anders: ruhig, grün, entspannt. Ablegestellen finden sich vor dem **Zeughaus** (► H/J 3/4) und dem **Berliner Dom** (► J 3), an der **Jannowitzbrücke** (► K 4) sowie in Potsdam, An der langen Brücke.

Die beliebteste Bootstour durch Berlin führt in 3,5 Std. (je nach Anbieter z. B. März–Okt. 10, 11.10, 14 und 15.10 Uhr) durch das Nikolaiviertel, vorbei an der Museumsinsel, durch das Regierungsviertel und zurück durch den Landwehrkanal. Dabei sieht man von den rund 1000 Brücken Berlins immerhin 65. Bei der 1-Std.-Fahrt sehen Sie vor allem Regierungsgebäude und Parlament vom Wasser aus.

Stern- und Kreisschiffahrt: Tel. 030 53 63 60-0, www.sternundkreis.de, 3,5-Std.-Rundfahrt ab Jannowitzbrücke (s. o.), mehrmals tgl., 20 €; 1 Std. Stadtrundfahrt ab **Nikolaiviertel** (► J 4), ab 10.30 Uhr etwa halbstündlich, 11 €.

Reederei Heinz Riedel: Tel. 030 693 46 46, www.reederei-riedel.de, bietet z. B. 3 Std. historisches und aktuelles Berlin, über Spree und Landwehrkanal, für 19 €, und eine einstündige Stadtkernfahrt ab **Moltkebrücke** (► F 3), für 10 €.

großbürgerliche Grunewald. Den Osten durchfährt die Straßenbahnlinie M1 ab Bahnhof Friedrichstraße: durch die Oranienburger Straße, an den Hackeschen Höfen vorbei nach Prenzlauer Berg. M 10 ist die Partystraßenbahn von Mitte über Prenzlauer Berg zur Warschauer Brücke. Watergate, Matrix, Berghain, Rosis, Icon und Kulturbrauerei liegen an der Strecke.

Die Stadtrundfahrten verschiedener Unternehmen beginnen in der Saison alle 15 Min. am Ku'damm gegenüber der Gedächtniskirche sowie Unter den Linden, Ecke Friedrichstraße. Sie fahren nahezu identische Strecken und dauern etwa 2 Std. ›Hop on-hop off‹ kostet z. B. 20 €, dabei kann man zwischendurch aussteigen. Bei Demos oder Events fahren die Busse andere Routen.

Stadtführungen

Das aktuelle Programm findet man in den Magazinen »Zitty« oder »TIP«. Bewährte Adressen sind:

Stadt und Rad: Travelpoint Tours GmbH, Hardenbergplatz 9–11, Tel. 030 68 83 62 17, www.stadtundrad.de. Immer größerer Beliebtheit erfreuen sich in Berlin Stadtführungen mit dem Fahrrad: Man ist schneller als zu Fuß und flexibler als mit dem Bus. Räder sind ideal für so eine große Stadt. Berlin ist kein Erlebnispark, sondern eine echte Großstadt, die auf Guck-in-die-Luft-Touristen wenig Rücksicht nimmt.

Stattreisen Berlin: Malplaquetstr. 5, Tel. 030 455 30 28, www.stattreisenberlin.de. Bietet mehr als 70 unterschiedliche Führungen an. Man kann an Gruppenführungen teilnehmen oder sich einen persönlichen Guide bestellen, auch mit O-Ton-Einspielungen via AudioGuide bei Spaziergängen. Stattreisen besteht seit 1983 und hat dazu beigetragen, Berlin zur Hauptstadt der Stadtführungen zu machen.

Kultur Büro Berlin: Malmöer Str. 6, Tel. 030 444 09 36, www.stadtverfuehrung.de. Architekt(o)uren mit kunstgeschichtlichem Schwerpunkt, zu Friedrich dem Großen, Kriminelles Berlin, Regierungsviertel, Reichstag zu Fuß.

art:berlin: Kurfürstenstr. 14, Tel. 030 28 09 63 90, www.artberlin-online.de. Kunstführungen in Galerien, Ausstellungen, Blicke hinter die Kulissen, exklusive Innenbesichtigungen.

Friedrich der Große: Tel. 030 45 02 38 74, Mobil 0175 950 74 36, www.koenig-friedrich.de, tgl. 14 Uhr ab Brandenburger Tor, Pariser Platz, vor der Touristeninfo. Der König führt durch das historische Berlin – diese Tour dauert 1,5 Std. Als Bote für ein aufgeklärtes und tolerantes Land führt Dr. Olaf Kappelt im Kostüm Friedrichs des Großen meist im Schnellschritt über die Linden. Eine Reservierung ist erforderlich.

Berliner Unterwelten e. V.: Tel. 030 49 91 05 17, www.berliner-unterwelten.de. ›U-Bahn, Bunker, Kalter Krieg‹ jeden Do–So 12, 14, 16 Uhr; ›Vom Flakturm zum Trümmerberg‹ April–Okt. Do–So 11, 13, 15 Uhr; ›Dunkle Welten‹ (Unterwelten-Museum) Do–Mo 12, 14, 16 Uhr; jeweils 10/8 €. Karten in der

Die **WelcomeCard** bietet 72 Std. für 23,90 € oder 48 Std. für 17,90 € freie Fahrt mit allen Bussen und Bahnen im gesamten Stadtbereich sowie bis zu 50 % Ermäßigung bei vielen touristischen und kulturellen Attraktionen (www.berlin-welcomecard. de, erhältlich in Verkaufsstellen des ÖPNV, Tourist Centern und vielen Hotels).
Die **City Tour Card** (www.citytourcard.com) für alle Verkehrsmittel in der Stadt (Tarifgebiet AB) kostet für 48 Std. 16,90 € und für 72 Std. 22,90 €. Auch darin sind zahlreiche Vergünstigungen enthalten, siehe Website.

Der Umwelt zuliebe – nachhaltig reisen

Die Umwelt schützen, die lokale Wirtschaft fördern, intensive Begegnungen ermöglichen, voneinander lernen – nachhaltiger Tourismus übernimmt Verantwortung für Umwelt und Gesellschaft. Die folgenden Websites geben einige Tipps, wie man seine Reise nachhaltig gestalten kann, und bieten Hinweise auf entsprechende Reiseangebote in Berlin.

www.reiselust-deutschland.de: Neue Wege für Reisen ohne Auto zeigt die Website des Verkehrsclubs Deutschland. Der Einkaufsführer »Bewusst Reisen« gibt viele gute Tipps.

www.stattreisen-berlin.de: Stadtrundgänge zu Fuß, mit öffentlichen Verkehrsmitteln oder dem Fahrrad. Berlin ist die Hauptstadt der Stadtführungen. Nirgendwo sonst gibt es so viele Stadtführungen wie hier. Stattreisen besteht seit 1983, entstanden aus der Geschichtswerkstatt Wedding.

Bei **www.berlin.de** findet man einen guten Überblick über sehr viele weitere Führungen in Berlin. Auch die Programmzeitschriften und Tageszeitungen informieren über entsprechende Angebote.

www.adfc.de: Auf der Seite des Fahrradclubs sind auch Tourenvorschläge für Berlin aufgeführt, zum Beispiel der Mauerweg.

Fahrradvermietungen gibt es immer mehr. Und fast in jedem Hotel oder Hostel kann man inzwischen Räder ausleihen.

www.berlin.de/sen/umwelt: Der Umweltsenat Berlins gibt sich Mühe und tut viel – von der Abfallbilanz über Gartendenkmale und den Schutz von Naturbiotopen bis zu den Zielen der Verkehrspolitik.

Geschäftsstelle, südliche Vorhalle des U-Bahnhofs Gesundbrunnen, Ausgang Brunnenstraße.

Video Bustour: Tel. 030 44 02 44 50, www.videobustour.de. Bietet eine Busrundfahrt mit Filmeinspielungen, u. a. zum Stadtschloss, der Reichskanzlei, der Mauer, und Live-Kommentaren; 19,50 bzw. 16,50 €.

Trabi Safari: Tel. 030 27 59 22 73, www.trabi-safari.de, tgl. um 10 Uhr. Startpunkt ist der Ballongarten an der Zimmerstraße/Ecke Wilhelmstraße. Mit dem Trabi fahren Sie selbst durch Berlin und bekommen während der Tour über Funk die Sehenswürdigkeiten erklärt. 60/120 Min. – wahlweise mehr in den Westen oder tiefer in den Osten – 79 € pro Person bei 3–4 Personen, 89 € bei 1–2 Personen für ein Fahrzeug.

Berlin for Beginners: Tel. 030 30 10 07 09, www.berlinforbeginners.de. Thomas Knuth hat sich spezialisiert auf Führungen für ›Neuberliner‹ sowie auf Thementouren u.a. zu amerikanischer Architektur und Medizingeschichte.

Flüge über Berlin

Helikopter: Flughafen Schönefeld, Panoramaflug Deluxe, 30 Min., pro Person 219 €. Vom Flughafen über die Stadt bis nach Sanssouci. Dabei kann man gut Fotos machen.

Wasserflugzeug: Wasserflugstation Berlin-Treptow, S Treptower Park, Abfertigung und Flug 60 Min., Erwachsene 189 €, Kinder 95 €.

Hotline für alle Flüge:
Tel. 030 53 21 53 21 oder im Internet unter www.air-service-berlin.de.

15 x Berlin direkt erleben

Im Regierungsviertel gibt sich Berlin als moderne, weltoffene Hauptstadt. Die Architektur vermittelt fast ein Gefühl der Transparenz der Politik: Mit der Glaskuppel wurde für den historischen Reichstag die Zukunft eingeläutet, eine lichte Bauweise mit viel Glas prägt auch die Büros der Abgeordneten oder parlamentarischen Dienste rundherum. Auf den Stufen an der Spree, in der Reichstagskuppel oder als Besucher im Plenum sind Sie direkt dabei und mittendrin ...

1 | Berlins historische Mitte – der Boulevard Unter den Linden

Karte: ▶ G–H 4 | **S-/U-Bahn:** Brandenburger Tor, **Bus:** 100/200

Wie sieht eine Straße aus, die ›Unter den Linden‹ heißt? Natürlich ist sie von duftenden Lindenbäumen gesäumt, zum Flanieren gemacht und strahlt Rang und Ruhe aus. Willkommen auf dem geschichtsträchtigen Prachtboulevard, der wie keine andere Straße ein Symbol der Hauptstadt ist.

Die einst für den Kaiser komponierte Erhabenheit ist noch zu spüren. Obwohl aufgrund der Zerstörungen des Zweiten Weltkriegs zwischen den historischen Originalen neue Gebäude stehen, bleibt das Gefühl für den majestätischen Geist dieser Straße. Alle großen Staatsmänner, Könige, Fürsten und Kaiser haben hier Parade gehalten; Wilhelm I. und Otto von Bismarck wurden hier von Attentätern angegriffen. ›Die Linden‹, wie der Boulevard im Volksmund genannt wird, spielen hinauf und hinunter eine wichtige Rolle in Deutschlands Geschichte.

Brandenburger Tor und Pariser Platz

Das von einer Quadriga bekrönte imposante **Brandenburger Tor** 1, das zu Zeiten der DDR in der Sperrzone lag, ist der Eingang zu den ›Linden‹, an deren Ende sich einst das Hohenzollernschloss befand. Carl Gotthard Langhans errichtete das Tor 1788–91, eine architektonische Anspielung auf die Propyläen in Athen. Durch das große Mittelportal durften übrigens vor dem Ersten Weltkrieg nur der Kaiser und seine Familie fahren. Heute ist das Brandenburger Tor ein Wahrzeichen der Stadt und ein Symbol ihrer Teilung und Wiedervereinigung.

Der **Pariser Platz** gleich hinter dem Tor bekam seinen Namen 1813 nach dem Sieg über Napoleon I. Anfang des 21. Jh. war er quasi die Showbühne der stets gut gelaunten und keiner Party abgeneigten ›Berliner Republik‹. Heute ist dieses Herzstück der Metropole wieder rundherum bebaut, darunter mit dem neu errichteten luxuriösen Traditionshotel **Adlon** 2, dem Haus der **Akademie der Künste** 3 oder der an ihren alten Standort zurückgekehrten **Amerikanischen Botschaft** 4 und **Französischen Botschaft** 5, nicht zu vergessen das **Haus Liebermann** 6, in dem einst der Maler Max Liebermann arbeitete und wohnte.

Die Linden, erster Teil

Sie ist heute wieder ein vornehmer Boulevard, mit breiten Bürgersteigen und begrünter Mittelpromenade für Flaneure, gesäumt von Geschäften, Cafés und Firmensitzen. Zwischen Glinka- und Wilhelmstraße hat die **Russische Botschaft** 7 schon seit 1837 ihren Sitz – mit Unterbrechungen zu Zeiten der Weltkriege. Auf der anderen Straßenseite beherbergt der Gebäudeblock zwischen Neustädter Kirchstraße und Friedrichstraße die letzten Geschäftshäuser aus der Kaiserzeit. Hier residieren nun u. a. das **ZDF-Hauptstadtstudio** (s. S. 31) und die **Berlin Story** 1 (s. S. 31). Die Kreuzung von Linden und Friedrichstraße, eine der wichtigsten Shoppingmeilen der Stadt, war einst ein Zentrum der ›Roaring Twenties‹.

Die Repräsentationsbauten

Die ganz dem Stil der wilhelminischen Repräsentationsarchitektur verpflichtete modern ausgestattete **Staatsbibliothek** 8 nimmt ein ganzes Karree ein. Direkt daneben steht die 1810 von Wilhelm von Humboldt gegründete **Humboldt-Universität** 9. Sie ist im ehemaligen Prinz-Heinrich-Palais untergekommen, das Friedrich der Große für seinen Bruder mitsamt Gattin bauen ließ. Zum Zweck der eigenen Haushaltsgründung hatte Prinz Heinrich – eigentlich war er homosexuell – geheiratet. Wer die heutige Uni sieht, versteht, warum sich die Heirat lohnte.

Übrigens: Auf dem Bebelplatz markiert eine in den Boden eingelassene leere Bibliothek, bedeckt von einer Glasplatte, die Stelle, an der die Nationalsozialisten 1933 ihre barbarische Bücherverbrennung inszenierten.

Auch das Gebäudeensemble am Bebelplatz alias Forum Fridericianum trägt die Handschrift des Preußenkönigs, der hier als **Reiterstatue** 10 thront. Die Westseite des Platzes rahmt die barock geschwungene Fassade der damals von den Berlinern liebevoll ›Kommode‹ genannten **Alten Bibliothek** 11, jetzt die juristische Fakultät der Uni; an der Ostseite prunkt die von Knobelsdorff als Königliche Hofoper erbaute **Staatsoper Unter den Linden** 12, die 1742 eröffnet, aber mehrfach umgebaut wurde.

Im Hintergrund steht die **St. Hedwigskathedrale** 13, eine der wenigen katholischen Kirchen Berlins. Friedrich der Große ordnete ihren Bau den in Berlin angesiedelten Schlesiern zuliebe an – bezahlen mussten die adeligen Gläubigen den großen Rundbau freilich selbst. Er ist im Innern heute schlicht gehalten und trotzdem beeindruckend.

Die **Neue Wache** 14, in der seit 1993 der Opfer von Krieg und Gewaltherrschaft gedacht wird, ließ Schinkel, der Lieblingsarchitekt der klassizistischen Epoche, wie ein römisches Kastell anlegen – ein Eindruck, der durch das dahinter gepflanzte Kastanienwäldchen noch verstärkt wird.

Beiderseits der Schlossbrücke

Skurril und bezaubernd wirken die Bäume vor allem, wenn man auf den **Pei-Bau** zuhält, den der chinesisch-amerikanische Architekt Ieoh Ming Pei im Alter von über 80 Jahren entwarf. 2003 wurde der gläserne Schneckenbau eingeweiht – eine Sonnenarchitektur, die durchdacht Glas und Stahl einsetzt, ein Ort gelungener Hauptstadtarchitektur! Er bereichert das historische Zeughaus (1695–1706 errichtet), in dem das **Deutsche Historische Museum** 15 untergebracht ist, um Ausstellungsflächen zu Themen der deutschen Geschichte.

Der **Lustgarten** 16 auf der anderen Seite des Kupfergrabens, im Sinne Schinkels neu begrünt, bildete als Eingang zur Museumsinsel die symbolische Einheit von Kirche (Dom), Kunst (Altes Museum), Militär (Zeughaus, jetzt Deutsches Historisches Museum) und Staat (Hohenzollernschloss). Steht man hier, das Alte Museum im Rücken, den Dom zur Linken, den Lustgarten zu Füßen, wird man vis-à-vis das **Schloss** als architektonische Ergänzung des Ensembles vermissen. Obwohl im Zweiten Weltkrieg nur zu 20 % zerstört, ließ Walter Ulbricht, Generalsekretär der SED, das Schloss 1950 sprengen und auf dem Gelände den mittlerweile wieder abgebauten Palast der Republik, Sitz der Volkskammer der DDR, errichten. Jetzt wartet das Schloss mit seiner historischen Fassade auf die Rekonstruktion.

Der **Berliner Dom** 17 ist nach der Maxime ›Groß, größer, am größten‹ gebaut. Für eine evangelische Kirche blitzt und blinkt es erstaunlich. Von außen beeindruckend, kommt man innen aus dem Staunen nicht heraus. Die Hohenzollern-Herrscher passten den Bau immer wieder dem Zeitgeschmack an. Das heutige neobarocke Gotteshaus wurde nach Plänen von Julius Raschdorf unter Kaiser Wilhelm II. 1905 fertiggestellt. Prachtvoll sind die 100 Sarkophage mit den Gebeinen der Hohenzollern-Herrscher – die liegen da tatsächlich, das sind keine Ausstellungsstücke –, gewaltig die klassischen Konzerte auf der Orgel mit 7200 Pfeifen.

Übrigens: Das blaue Raumschiff gegenüber vom Lustgarten ist die **Humboldt-Box** 18. Sie steht, bis das Schloss fertig ist. Die Dachterrasse (Fahrstuhl) liegt auf Höhe der Schlossbalustrade. Es ist Wilhelm von Boddien zu verdanken, dass das Schloss gebaut wird und dass jetzt gezeigt werden kann, wie es aussehen und genutzt werden soll – vom Preußischen Kulturbesitz, der Humboldt-Uni und der Landesbibliothek. Der Schlossverein informiert in der privat finanzierten Humboldt-Box (tgl. geöffnet, Eintritt 4/2,20 €).

Infos

St. Hedwigs-Kathedrale 13: www.hedwigs-kathedrale.de, Mo–Sa 10–17, So 13–17 Uhr.

Deutsches Historisches Museum 15: Unter den Linden 2, www.dhm.de, tgl. 10–18 Uhr, 8/4 €, unter 18 Jahren frei. Dauerausstellung des Museums zur deutschen Geschichte; wechselnde Ausstellungen werden im I.-M.-Pei-Bau gezeigt.

Berliner Dom 17: www.berliner-dom.de, Mo–Sa 9–20, So ab 12 Uhr, 7/4 €.

Unbedingt den Abstecher wert!

Es sind nur ein paar Schritte vom Brandenburger Tor Richtung Potsdamer Platz, und man befindet sich mitten im Stelenfeld, das Peter Eisenman als **Holocaust-Mahnmal** 19 gestaltete. Auf dem 19 000 m² großen Gelände wurden 2711 Betonstelen in unterschiedlicher, unregelmäßiger Größe aufgestellt. Ein Irrgarten aus nacktem Beton, in dem sich das Gefühl der Verlorenheit einstellt. Es stimmt nachdenklich und schafft so die Verbindung zu den Opfern der Naziverfolgung. Unterirdisch gibt es eine bewegende Gedenkstätte, die Einzel- und Familienschicksale dokumentiert (April–Sept. tgl. 10–20, Okt.–März tgl. 10–19 Uhr, Eintritt frei).

Live dabei im Fernsehen

Im **Zollernhof** nimmt Maybrit Illner ihre **ZDF-Talkshow** 1 mit prominenten Gästen auf (Unter den Linden 36, Do 22.15 Uhr). Teilnahmekarten gibt es unter veranstaltungen@zdf.de, 12 €. Wenn Plätze frei sind, werden Passanten auf der Straße angesprochen. Oder man geht im Steakhaus **Maredo** einen Salat essen und ist irgendwie auch live dabei, aber ohne gute Sicht.

Die Linden kulinarisch

Nett am Pariser Platz liegt das **Theodor Tucher** 1 (Nr. 6, Tel. 030 22 48 94 64, www.theodortucher.de, tgl. 7–1, Küche 11–23 Uhr) mit dekorativen Bücherregalen und großen Fenstern zum Platz. Einfache Gerichte wie die ›Literarische mit Curry‹ kosten unter 10 €.
Im **Café Einstein** 2 (Unter den Linden 42, Tel. 030 204 36 32, www.einsteinudl.com, tgl. 7–22 Uhr, 8–22 €) trifft sich der eine oder andere Minister gern zum Frühstück (super Fischplatte) mit Journalisten. Kaffee aus eigener Rösterei und extravagante Wiener Torten. Schön sitzt man auf dem Trottoir oder auf der MIttelpromenade von Unter den Linden.

Übrigens: Die Kanzlerbahn dominiert seit 2012 mehrere Jahre lang als Baustelle die Linden, denn die U5 soll vom Hauptbahnhof über das Kanzleramt und das Brandenburger Tor jetzt zum Roten Rathaus und weiter zum Alexanderplatz führen. An der Kreuzung Friedrichstraße entsteht ein Umsteigebahnhof zur U6.

Im japanischen Schnellrestaurant **Ishin** 3 (Mittelstr. 24, www.ishin.de, Mo–Sa 11–22 Uhr) gibt es schnelle, gute Küche (Sushi!) – und man erlebt die Mitte live! Verwöhnte Gaumen werden das **Margaux** 4 (s. S. 94) schätzen. Preislich das glatte Gegenteil davon ist die **Mensa der Humboldt-Uni** 5.

Berlinaria, Bücher und mehr

Die **Berlin Story** 1 ist ein Berlin-Kaufhaus mit Büchern, DVDs, CDs, Postern und Souvenirs zur Stadt. Im gleichen Haus nebenan befindet sich das Historiale BERLIN MUSEUM, Stadtgeschichte multimedial in 30 Stationen mit Filmen von je 100 Sekunden, Modellen und Exponaten ; 5/4 € (tgl. 10–20 Uhr, s. S. 101). Um die Ecke liegt das ›KulturKaufhaus‹ **Dussmann** 2 mit einer Riesenauswahl an Büchern und CDs auf fünf Etagen, mit regelmäßigen Veranstaltungen (Friedrichstr. 90, www.kulturkaufhaus.de, Mo–Fr 10–24, Sa 10–23.30 Uhr).

2 | Ein Hort der Kultur – die Berliner Museumsinsel

Karte: ▶ H–J 3 | **S-Bahn:** S Hackescher Markt, **Bus:** 100

Eine ›Insel‹ voller Kunst und unschätzbar wertvoller Altertümer: Mit der Museumsinsel hat sich Berlin ein Denkmal gesetzt, das seinesgleichen sucht. Obwohl in der Stadt überall der Rotstift angesetzt wird, bleibt die Insel mit ihren fünf Museen verschont. Betritt man dieses Weltkulturerbe der UNESCO, ist man rettungslos verloren im Geist des Gehaltvollen, Schönen und Alten – bis hin zu den Gebäuden.

Geschichte

Im Jahr 1830 wurde vom großen Berliner Architekten Karl Friedrich Schinkel das erste Museum, das sogenannte Alte Museum, nach dem Wunsch Friedrich Wilhelms III. errichtet. Das Ziel war, in Berlin den Anschluss Preußens an die Kulturstädte London und Paris zu erreichen, die mit dem British Museum und dem Louvre großartige Kulturstätten für die Bevölkerung geschaffen hatten. Berlin wuchs beständig, und die Sehnsucht danach, eine auf allen Ebenen bedeutende Metropole zu werden, schlug sich unter anderem im Bau des Museums nieder. Schon bald wurde das Alte Museum zu klein für die Vielzahl an Exponaten. Das Neue Museum folgte 1855, ein Schüler Schinkels, Friedrich August Stüler, entwarf es.

1871, das Jahr, in dem der König von Preußen zum ersten Deutschen Kaiser gekrönt und das Deutsche Reich gegründet wurde, eröffnete die Nationalgalerie als drittes Museum auf der Insel. Kurz darauf ergänzte das Bodemuseum das Ensemble. Es hieß damals noch Kaiser-Friedrich-Museum und wurde erst später nach seinem Gründer Wilhelm von Bode benannt, der entscheidenden Einfluss auf die Entwicklung der Berliner Kunstsammlungen hatte.

Zuletzt kam 1930 das Pergamonmuseum hinzu, als Erweiterung eines bereits 1901 eröffneten Museums, das aber für all die großen Schätze des Orients zu klein geworden war.

Das Alte Museum 1

Dieser Bau, der zunächst Königliches Museum hieß, wurde im Geiste seiner Zeit gestaltet, seine Ausstellungsstücke sollten die Seele erbauen und dem selbstbewusster werdenden Bürgertum der Stadt eine angemessene Möglichkeit zu umfassender kultureller Bildung ermöglichen.

Das Alte Museum steht am Eingang zur Museumsinsel und ergänzte das Ensemble von Dom, Zeughaus und dem einst gegenüberliegenden Schloss um eine Stätte der Kunst und der Wissenschaft. Mit seiner 87 m langen, mit Säulen geschmückten Front im antikisierenden Stil des Klassizismus erfüllt es seine Aufgabe hervorragend. Die vor dem Haus stehende Granitschale war eigentlich für das Innere geplant, fiel aber mit ihren 7 m Durchmesser derart monumental aus, dass sie dort keinen Platz fand. Das Museum beherbergt heute die **Antikensammlung** der Staatlichen Museen zu Berlin und präsentiert Kunst und Skulpturen der Griechen und Römer.

Das Neue Museum 2

Dies ist vielleicht der prachtvollste Bau des Ensembles. Die reich verzierten Kuppelsäle entführen Besucher in vergangene Epochen und in ein umfassendes Bildungserlebnis mit didaktischer Raumaufteilung. Im Zweiten Weltkrieg wurde das Gebäude fast völlig zerstört, zu DDR-Zeiten huschten hier Mäuse durch die Ruinen. Der englische Architekt David Chipperfield restaurierte das Neue Museum auf beeindruckende Weise, indem er Originalteile mit den daran entstandenen Schäden quasi als historische Schichten sichtbar beließ. So wurde aus dem vernarbten Haus selbst ein Kunstwerk.

Hier finden Sie die archäologischen Sammlungen des ägyptischen Museums und die Papyrussammlung sowie großartige antike Kunst aus der Antikensammlung. Zu den berühmtesten Ausstellungsstücken zählt die Büste der Nofretete aus dem 14. Jh. v. Chr..

Übrigens: Nach Entwürfen von David Chipperfield, dessen Arbeit am Neuen Museum 2010 mit dem europäischen Nostra-Award-Preis für besondere Rekonstruktionsleistungen ausgezeichnet wurde, soll bis 2013 die **James-Simon-Galerie** entstehen, ein Empfangsgebäude für die Gäste der Museumsinsel plus einer unterirdischen archäologischen Promenade, die alle Museen außer der Alten Nationalgalerie miteinander verbindet.

Alte Nationalgalerie 3

Die Skizzen zur Nationalgalerie mit ihrer zweiflügeligen monumentalen Außentreppe und den Kolonnaden aus Sandstein hatte Friedrich Wilhelm IV. noch persönlich angefertigt. Der wuchtige, auf einem 12 m hohen Sockel stehende Bau zeigt die architektonische Vorliebe für das antike Griechenland, er wurde originalgetreu restauriert. Das Museum sollte moderne, vor allem preußische Kunst aufnehmen und speiste sich zunächst aus Sammlungen, die der Stadt von Privatpersonen geschenkt und vererbt wurden.

Caspar David Friedrich, Karl Friedrich Schinkel, der als Allrounder auch malte, Preußens großer Realist und Königsmaler Adolph Menzel, Auguste Rodin und Édouard Manet sind nur einige der Künstler, deren Werke hier ausgestellt sind.

Das Pergamonmuseum 4

Dieses Museum ist das zurzeit bestbesuchte. Die Kunstwerke, die es hier vor allem zu bestaunen gibt, sind monumental und ganze Gebäudeabschnitte füllend. So stellen sie anschaulich kunsthistorische Zusammenhänge her. Zunächst der knapp 36 m breite **Pergamonaltar:** Einen ganzen Raum einnehmend, mehr ein Tempel als das, was man normalerweise unter einem Altar versteht. Die griechische Stadt Pergamon (in der heutigen Türkei) baute ihn mit dem Pergamonfries, der Kampfszenen von Göttern gegen Giganten zeigt, als Zeugnis der Siege über die Kelten.

Die **Prachtstraße von Babylon** mit dem Ischtartor ist in ihrer leuchtenden Blaufärbung und der Länge erstaunlich: Sie schreiten einen Weg entlang, flankiert von wilden Löwen, die friesartig aus der lasierten Ziegelwand herauszutreten scheinen, und auf das riesige Tor zu. Hier ahnt man, was die Stunde geschlagen hatte, wenn Fremde sich der Stadt Babylon näherten.

Das **Markttor von Milet** aus der römischen Kaiserzeit versetzt Besucher in eine römische Stadt zu Anfang der Zeitrechnung.

Das Obergeschoss hat die ebenfalls beeindruckende Sammlung des Museums für Islamische Kunst aufgenommen.

Das Bodemuseum 5

Der neobarocke Bau befindet sich an der Spitze des Eilands, rundet dieses ab und gibt ein herrliches Bild von der Ebertbrücke/Tucholskystraße aus. Entsprechend oft wird er fotografiert (s. S. 4/5).

Die großen Werke der europäischen Kunstgeschichte von der Romantik bis zum Frühklassizismus werden umfassend in der Skulpturensammlung gezeigt. Ein beachtlicher Fundus an Kirchenschätzen wurde mit den großen Altarbildern aus ganz Deutschland zusammengetragen.

In der Gestaltung der Räume und des Lichts hat Architekt Ernst von Ihne wirklich Wunderbares geschaffen: von der originalen Kopie der Wohnräume des Stifters James Simon über herrliche Treppenhäuser und Kuppelhallen bis zur Basilika, die den Eindruck eines Kirchenraums schafft. Außerdem zeigt das Museum das Münzkabinett und die Ausstellung des Byzantinischen Museums.

Infos

Infos zur Museumsinsel: Tel. 030 266 42 42 42, www.smb.museum.
Sammelticket für alle fünf Museen der Museumsinsel 14 €, ermäßigt 7 €.
Altes Museum: Am Lustgarten, Di, Mi, Fr–So 10–18, Do 10–20 Uhr, Eintritt 8 €, ermäßigt 4 €.
Neues Museum: Bodestr. 1–3, So–Mi 10–18, Do, Fr, Sa 10–20 Uhr. Eintritt 14 €, ermäßigt 7 €, inlusive einer 1- oder 1,5-stündigen Führung 17/10 € bzw. 19/10 €. Für dieses Museum brauchen Sie eine Zeitfensterkarte, die an jeder anderen Museumskasse ausgehändigt wird oder unter www.neues-museum.de, Tel. 030 266 42 42 42 (Mo–Fr 9–16 Uhr), bestellt werden kann.
Alte Nationalgalerie: Bodestr. 1–3, Di, Mi u. Fr–So 10–18, Do 10–22 Uhr, 8 €, ermäßigt 4 €.
Pergamonmuseum: Am Kupfergraben 5, tgl. 10–18, Do bis 21 Uhr, Eintritt 14 €, ermäßigt 7 €, bis 18 Jahre Eintritt frei (außer für das Pergamonmuseum gilt das Ticket auch für die Antikensammlungen, das Museum für Islamische Kunst sowie das Vorderasiatische Museum).

Die Alte Nationalgalerie birgt in stilvollen Räumen eine feine Kunstsammlung

Bodemuseum: Am Kupfergraben 1, Di, Mi, Fr–So 10–18, Do 10–22 Uhr, 8 €, ermäßigt 4 €.

Audioguides

In allen Museen ist ein Audioguide mit guten Infos zu den Schätzen und Gebäuden im Eintrittspreis enthalten. Für das Pergamonmuseum gibt es eine Audioführung, die Besucher von Exponat zu Exponat mitnimmt.

Café im Bodemuseum

Das **Café im Bodemuseum** 1 ist sicherlich das schönste auf der Museumsinsel: Lichtdurchflutet und äußerst elegant liegt es im zweiten Stock des Gebäudes (Di, Mi, Fr–So 10–18, Do 10–22 Uhr, zivile Café-Preise).

Panoramatouren

Einen besonders schönen Blick auf die Museumsinsel und ihre Gebäude hat man von der Ebertbrücke sowie der Monbijoubrücke und von der Uferstraße Am Kupfergraben/Am Zeughaus. Oder man besteigt am Anleger vor dem Deutschen Historischen Museum bzw. vor dem Berliner Dom ein Schiff und macht eine Bootstour um die Mitte Berlins. Sie lohnt schon wegen der Aussichten auf Museumsinsel und Regierungsviertel (s. S. 23).

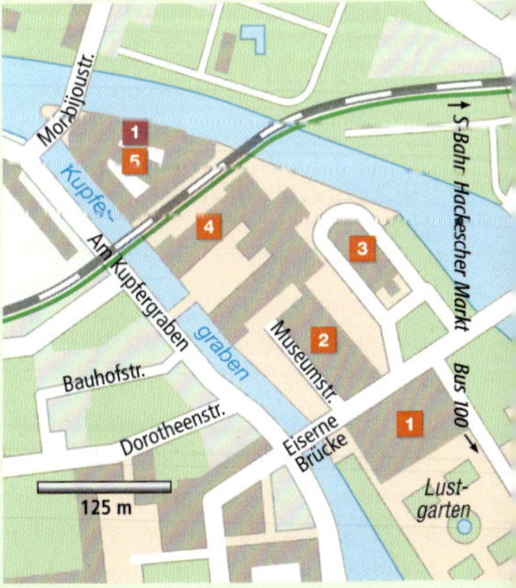

3 | Mittendrin im Geschehen – die Spandauer Vorstadt

Karte: ▶ H–J 2–3 | **S-Bahn:** Hackescher Markt, **Tram:** M1, M4, M5, M6

Die Spandauer Vorstadt nordöstlich der Museumsinsel blieb von den Bombenschlägen des Zweiten Weltkriegs weitgehend verschont. Im denkmalgeschützten Baubestand finden sich die typischen Berliner Höfe und Spuren des einstigen jüdischen Lebens in der Stadt. Eine der lebendigsten Gegenden der Metropole mit Restaurants und Läden, Künstlerateliers und Galerien.

Die schönsten Höfe Berlins

Elegant und ansprechend sind die **Hackeschen Höfe** 1, einst der größte Wohn- und Gewerbehof Europas. Die prachtvollen Jugendstilfassaden, die nach 1945 die Regierung der DDR als Überreste bürgerlicher Dekadenz abschlagen ließ, sind nach der Wende mit immensem Aufwand restauriert worden. Mehrere Innen- und Hinterhöfe schließen aneinander an und verzweigen sich zu einem Berliner Architektur-Erlebnis – einer der schönsten Orte der ganzen Stadt. Gezielt wurde die neue Pracht durch Restaurants, Kneipen, Varietés und Modeateliers mit Leben erfüllt. Die Geschäfte sind inhabergeführt und verkaufen Produkte, die, soweit möglich, in den Höfen gestaltet, hergestellt oder weiterverarbeitet werden.

Zeugen anderer Zeiten

Davon, wie bunt und kreativ es hier Anfang der 1990er-Jahre zuging, erzählt noch das **Haus Schwarzenberg** 2 in der Rosenthaler Straße 39: Künstler und Studenten mieteten das baufällige Haus und gründeten den Schwarzenberg e.V. Heute steht die graffitibemalte Hinterhof-Oase unter Denkmalschutz. An schwärzere Zeiten erinnert im Hof das **Otto-Weidt-Museum.** Der Besen- und Bürstenhersteller Weidt versteckte viele gehörlose und blinde Juden in seiner Werkstatt und rettete sie vor der Deportation ab 1940, wofür er 1971 von der israelischen Gedenkstätte Yad Vashem geehrt wurde.

Die Sophienstraße

In der geschichtsträchtigen Sophienstraße mit ihren niedrig gehaltenen Häusern aus dem 19. Jh. sind weitere Einblicke in das Berliner Hinterhofleben möglich. Denn in fast jedem Hof befindet sich eine Galerie oder ein Café, oder er ist einfach hübsch anzusehen.

Die **Sophiensäle** 4 in einem schönen, begehbaren Hof in Nr. 18 sind eine wichtige Adresse für freies Theater und Tanz. Seit 1844 befand sich hier das Handwerkervereinshaus, in den Sälen sprachen schon Rosa Luxemburg und Karl Liebknecht. Auch in den **Sophie-Gips-Höfen** 5 (Nr. 21) zwischen Sophien- und Gipsstraße sind Besucher willkommen.

Die **Sophienkirche** 6 (linke Straßenseite) besitzt den einzigen erhaltenen Barockkirchturm Berlins. Das Ehrengrab des Historikers Leopold von Ranke befindet sich auf dem Hof der Kirche, auf den man über die Große Hamburger Straße gelangt.

Übrigens: Der schöne **S-Bahnhof Hackescher Markt** 3 wurde 1882 als einer der ersten der Stadt eröffnet. In den S-Bahn-Bögen des historischen Klinkerbaus findet man Cafés, Kneipen und Modegeschäfte und rund um den Bahnhof Filialen von Starbucks, Butlers und Häagen-Dasz.

Kunst und Atmosphäre

In der **Auguststraße,** in der früher die armen Ostjuden in billigsten Quartieren hausten, haben sich heute junge Künstler aus aller Welt und zig Galerien eingemietet. Nach links endet die Straße in der Oranienburger Straße, wo der Gebäudekomplex des Tacheles, einst Kaufhaus und seit dem Zweiten Weltkrieg eine Halbruine, bis September 2012 als alternatives Kunsthaus diente. Wo jetzt auf der großen Freifläche zur Friedrichstraße hin Brache ist, wird ein weiteres

Die hintereinander gestaffelten Hackeschen Höfe bieten ganz unterschiedliches Ambiente

Zentrum mit Gewerbe, Wohnungen und Hotels entstehen.

Jüdisches Berlin

In der Oranienburger Straße leuchtet von weitem die goldene Kuppel der **Neuen Synagoge** 7. 1866 wurde sie von den bürgerlichen Juden Berlins in einem orientalisch anmutenden Stil erbaut. In der Pogromnacht 1938 wollten SA-Männer die Synagoge anstecken, aber der Polizeivorsteher vom Hackeschen Markt verhinderte dies unter Berufung auf den Denkmalschutz. Heute dient die Synagoge als Ort für jüdische Kulturveranstaltungen.

Neben der **Jüdischen Schule** 8 in der Großen Hamburger Straße erinnert ein **Denkmal** 9 an den ältesten jüdischen Friedhof der Stadt – und daran, dass sich hier das jüdische Viertel Berlins befand.

Öffnungszeiten

Otto-Weidt-Museum und Gedenkstätte Stille Helden: www.museum-blindenwerkstatt.de und www.gedenkstaette-stille-helden.de, tgl. 10–20, Führungen So um 15 Uhr, Eintritt frei.

Neue Synagoge: www.cjudaicum.de, Kernzeiten So–Do 10–18, Fr 10–14, im Sommer bis 20/17 Uhr, 3,50/2,50 €.

Chillen und mehr

Der **Monbijoupark** 10, in dem auch ein Freilufttheater liegt (www.hexenkessel-hoftheater.de) lädt zum Lümmeln und Spazieren ein. Direkt an der Spree lässt sich in einem Liegestuhl der **Strandbar Mitte** 1 das coole Berlin genießen und auf die Museumsinsel blicken (www.strandbar-mitte.de, Mai–Sept. tgl. ab 10 Uhr).

Essen und Trinken

Nah beieinander liegen **Hackescher Hof** 1 (s. S. 96) und **Hasir** 2 (Oranienburger Str. 4, Tel. 030 28 04 16 16, www.hasir.de, tgl. 11.30–24 Uhr, Gerichte ab 10 €), das in einem umgebauten Berliner Hinterhof orientalische Küche serviert. In den Sophie-Gips-Höfen (s. S. 37) gibt es im **Café Barcomi's Deli** 3 (www.barcomis.de, Mo–Sa 9–21, So, Fei 10–21 Uhr) selbstgerösteten Kaffee und großartige Kuchen.

Einkaufen

Langlebige Schuhe gibt es im **Trippen Flagship Store** 1 (Hackesche Höfe 4 & 6, Mo–Fr 11–20, Sa 10–20 Uhr). Die Berliner Gründer der Marke arbeiten mit Stardesignern zusammen. **Sterling Gold** 2 in den Heckmann-Höfen der Oranienburger Straße offeriert ausgefallene Retro-Mode (s. S. 104).

4 | Berlin auf die Spitze getrieben – der Alexanderplatz

Karte: ▶ H–J 3–4 | **U-/S-Bahn:** Alexanderplatz, **Tram:** M2, M4, M5, M6, **Bus:** 100, 200, 248, TXL, M48

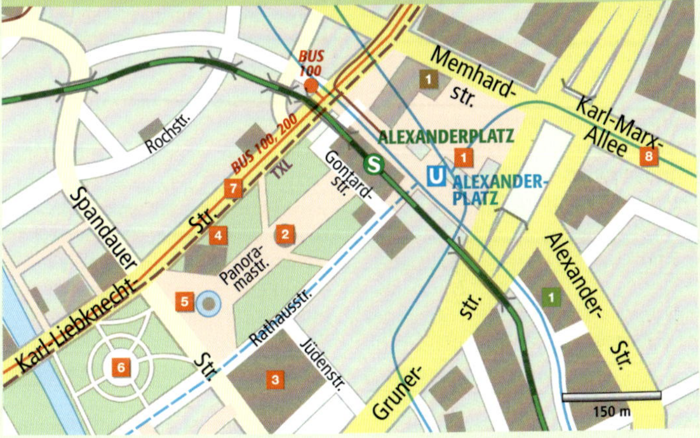

Der Alex ist ein Platz für Berliner, ein Platz für den Alltag – keine architektonische Schönheit wie der Gendarmenmarkt oder der Pariser Platz. Was Tempo heißt, erlebt man am Alex – so wie in den 1920er-Jahren, als sein Mythos begründet wurde.

Auf, unter und über dem Platz spielt sich alles ab, was eine Metropole ausmacht. Fliegender Handel mit Würstchen ebenso wie mit Russenmützen, Lederwaren oder südamerikanischem Silberschmuck, Fahrrad-Taxis, Rikschas und Velotaxis auf der Suche nach Kundschaft, Unterschriftensammeln für eine bessere Welt oder politische Demonstrationen. Karawanen von Rollenkoffern schieben sich täglich über den Platz. Unter dem Alex treffen sich die U2, U5 und U8, oben quietschen die S-Bahnen, und die Fernbahn rollt auf der Gleisstrecke Paris–Moskau vorüber, mitten durch die Stadt.

Die Markenzeichen des Alex

Am Alex studiert man Shopping-Kultur, Trend-Shops und Flagship Stores gibt es en masse. Schon zu Zeiten der DDR wurde er zum Einkaufszentrum ausgebaut – und zum Aufmarschplatz. Als hier jedoch im Oktober 1989 die Unzufriedenen aufmarschierten, brach die DDR nach wenigen Tagen zusammen.

Zielstrebig steuern Menschen die Handy-Shops, Galeria Kaufhof, Saturn oder den Media-Markt an. Richtung Jannowitzbrücke steht das **Alexa** 1, eine riesige Mall, deren Bau 2007 von Entsetzensschreien der Berliner Architekturszene begleitet wurde. Es ist aber auch wirklich geschmacklos und stünde besser an einer Autobahnausfahrt.

Beliebter Treffpunkt auf dem Alex ist seit 1969 die **Weltzeituhr** 1. Sie besteht aus einem 24-seitigen Metallzylinder, der auf eine Säule aufgesetzt ist und die 24 Zeitzonen der Erde repräsentiert. Etwas abseits des Platzes reckt sich der **Fernsehturm** 2 368 m hoch in den Himmel; nur 40 Sekunden dauert die Fahrt mit dem Lift zur Aussichtsplattform in 203 m Höhe.

Übrigens: Der Platz, der seinen Namen 1805 nach einem Besuch des russischen Zaren Alexander I. erhielt, wird wohl zur Baustelle, sobald sich Investoren gefunden haben. Die Nordostseite mit der Lichtreklame und das Park Inn Hotel sollen irgendwann riesigen Hochhäusern weichen: Gemäß der Rahmenplanung von Architekt Hans Kollhoff soll aus dem Alexanderplatz mit 150 m hoch aufragenden Wolkenkratzern das künftige Manhattan Berlins werden.

Zum Marx-Engels-Forum

Der Fernsehturm steht an einem Platz ohne Namen, einem Ausläufer des Alex. Ebenso das **Rote Rathaus** 3, ein Ziegelsteinbau von 1869, der heute wieder Sitz des Regierenden Bürgermeisters ist. Die **Marienkirche** 4 gegenüber geht auf das 13. Jh. zurück, die älteste sakral genutzte Kirche Berlins. Unter dem Pflaster des leeren Platzes dazwischen liegt das Marienviertel bzw. der ehemalige **Neue Markt** 5. Dieser Gründungsort Berlins wurde im Krieg kaum zerstört, jedoch von der DDR abgeräumt. Hier soll ein neues Viertel entstehen, über das Berlin momentan diskutiert. Da dokumentiert ist, wie das Marienviertel einst aussah, wünschen sich viele Bürger eine kritische Rekonstruktion à la Pariser Platz. Zunächst jedoch wird hier für die U 5 gebaut, die Kanzler-U-Bahn vom Alex zum Hauptbahnhof.

Neben dem **Marx-Engels-Forum** 6 posieren Menschen aus aller Welt vor dem Denkmal der Revolutionäre.

Berlin von oben

Fernsehturm: www.tv-turm.de, Panorama-Etage März–Okt. 9–24, Nov.–Febr. 10–24 Uhr, Erw. 12 €, Kinder 4–16 J. 7,50 €; VIP-Ticket (Sie bestimmen Tag und Uhrzeit Ihres Besuchs) 19,50 €/11,50 €. Blick aus 203 m Höhe über die Stadt. Drehrestaurant eine Etage höher, auf 207 m.
Park Inn Hotel 1: Aussichtsplattform Mo–Do 15–22, Fr–So 12–22 Uhr, 3 €. Man kann auch von oben herunterspringen, am Gummiband, knapp 100 m tief (Base Flying, www.jochenschweizer.de, ab 75 €).

Plattenbau à la DDR

... sieht man sowohl in der **Karl-Liebknecht-Straße** 7 wie am Anfang der vom Alex abzweigenden **Karl-Marx-Allee** 8, die zum neuen Vorzeigeboulevard saniert wurde.

Einkaufen

Alexa 1: Grunerstr. 20, www.alexacentre.com, Geschäfte und Food Court Mo–Sa 10–21, Supermarkt 8–22, So Food Court 11–19 Uhr.

›Alex Spezial‹

Eine schnelle Currywurst auf die Hand? Auf dem Alex bieten **mobile Bauchläden** Grillwürste, Rostbratwürste oder Currywürste für kleines Geld an. Oder mal austreten? Unter dem Platz liegt die großstädtischste **Toilette** Berlins, ein Meisterstück der Firma WALL – hell, großzügig, clean.

5 | Die Wiege Berlins – das Nikolaiviertel

Karte: ▶ J 4 | **U-Bahn:** Klosterstraße, **Bus:** M48

Das Nikolaiviertel ist die Wiege der Stadt, die Nikolaikirche ihr ältestes Gotteshaus. Es steht unter dem Schutz des heiligen Nikolaus, des Patrons der Kaufleute. Mit freien Kaufleuten und aktiven Bürgern begann die Geschichte der Stadt vor 1237, der urkundlichen Ersterwähnung.

Die Nationalsozialisten wollten dieses älteste Viertel mit seinen krummen Häuschen und engen Gassen zur 700-Jahr-Feier Berlins 1937 fluten, weil es nicht ins Hauptstadtbild des Führers passte. Die Bomber der Alliierten erledigten ab 1943 den Abbruch schnell und rücksichtslos. Ab 1980 wurde begonnen, das Quartier für die 750-Jahr-Feier 1987 wieder aufzubauen. Heute ist es das Lieblingsviertel vieler Touristen, und es hat wieder einen Charme, den man sonst nur in kleineren, weniger vom Krieg zerstörten Städten findet.

Eine Kirche macht Geschichte

In der **Nikolaikirche** 1 wurde Geschichte gemacht: Von der Reformierung des Kurfürsten Joachim II. im Jahre 1539, der hier seinen Übertritt zum evangelischen Bekenntnis vollzog, über die erste Sitzung der Berliner Stadtverordnetenversammlung im französisch besetzten Berlin des Jahres 1809 bis zur ersten Versammlung des Abgeordnetenhauses (Stadtparlaments) nach der Friedlichen Revolution im Januar 1991.

Der Dichter und Pfarrer Paul Gerhard schrieb im 17. Jh. einige seiner schönsten und bekanntesten Lieder hier: »Geh aus, mein Herz, und suche Freud« und »O Haupt voll Blut und Wunden«. Heute kann man sich auf die Orgelempore setzen und seinen Dichtungen über Kopfhörer lauschen.

Die Dauerausstellung »Vom Stadtgrund bis zur Doppelspitze« in der wundervoll renovierten Weihestätte erzählt über Kirche und Stadt.

Vornehme Bürgerhäuser

Das **Ephraim-Palais** 2 ließ der jüdische Bankier Veitel Ephraim bis 1766 nach seinen Vorstellungen umbauen. Strahlend schön steht es heute am Eingang zum Nikolaiviertel – und das nach einer bewegten jüngeren Geschichte. 1937 wurde das Haus zwecks Verbreiterung der Straße abgebrochen, die Steine lagerte man im Wedding ein, wo sie unbeschadet den Krieg überstanden. Als die DDR-Regierung das Nikolaiviertel 1987 wieder aufbauen wollte, tauschte sie mit der Bundesrepublik die Steine gegen das Archiv der Königlichen Porzellan-Manufaktur. Zuvor hatte die Westberliner Regierung damit geliebäugelt, das Palais in Kreuzberg aufzubauen, doch dazu fehlten die Pläne, die im Osten der Stadt lagerten. Heute ist das Ephraim-Palais Teil des Stadtmuseums, es zeigt schöne Wechselausstellungen.

Das 1761 gebaute **Knoblauchhaus** 3 in der Poststraße 23 blieb als einziges Anwesen des alten Berliner Stadtkerns erhalten. Nach dem Krieg wurde es abwechselnd als Verwaltungs- und Mietshaus genutzt. Seit die Erben der Familie Knoblauch das Haus wieder ungehindert besuchen können, dank dem Fall der Mauer, betreuen sie den von ihnen gegründeten Förderkreis des Museums Knoblauchhaus.

Zilles Berlin

Mit dem Maler des Berliner Milieus und der armen Leute schließt man im **Zille-Museum** 4 Bekanntschaft. Heinrich Zille (1858–1929) hatte im Berlin des beginnenden 20. Jh. Herz und Augen für die Ärmsten der Armen, die dicht gedrängt in den Hinterhöfen des Nikolaiviertels lebten. Er malte, fotografierte und lithografierte.

Öffnungszeiten

Website: www.stadtmuseum.de
Nikolaikirche: Museum tgl. 10–18 Uhr, 5/3 € inkl. Audioguide.
Ephraim-Palais: Poststr. 16, Di, Do–So 10–18, Mi 12–20 Uhr, 6/4 €.
Knoblauchhaus: Di–So 10–18, Mi 12–20 Uhr, Eintritt frei.
Zille-Museum: Propststr. 11, www.heinrich-zille-museum.de, im Sommer 11–19, im Winter bis 18 Uhr, 6/5 €.

Kulturhistorischer Pfad

20 Tafeln informieren auf Deutsch und Englisch über Schriftsteller wie Theodor Fontane und Gotthold Ephraim Lessing oder über den Maler Heinrich Zille.

Essen und Trinken

Das **Georgbräu** 1 ist ein zünftiges Brauhaus (s. S. 98), und das Restaurant und Café **Spreeblick** 2 ist ebenfalls gut (s. S. 98). Die Gaststätte **Zum Nussbaum** 3 (Am Nussbaum 3, Tel. 030 242 30 95, tgl. 11–24 Uhr) ist eines der wenigen verbliebenen Altberliner Lokale. Schon Zille malte das Haus, aber das heutige Gebäude, eng wie damals, ist eine Rekonstruktion. Im Sommer sitzt man schön im Vorgarten mit Blick auf die Nikolaikirche und isst Leberknödelsuppe, Matjesfilets oder andere kleine Gerichte für unter 10 €.

6 | Der schönste Platz der Stadt – der Gendarmenmarkt

Karte: ▶ H 4 | **U-Bahn:** Französische Straße

Berlins schönster Platz ist ein Höhepunkt klassizistischer Baukunst, eine ganz und gar harmonische Anlage, deren Vorbild die Piazza del Popolo in Rom war. Seinen Namen erhielt das Ensemble, das unter Friedrich dem Großen entstand, allerdings erst nach dessen Tod, und zwar nach den Stallungen des Regiments der ›Gens d'armes‹, die es hier einst gab.

Alle lieben den Gendarmenmarkt. Da stimmen die Proportionen der beiden Dome vom Beginn des 18. Jh. und des Konzerthauses vom Beginn des 19. Jh. Obendrein symbolisiert die Schillerstatue den humanistischen Geist. Man sitzt hier wunderbar, genießt die Großzügigkeit und Würde des Areals. Selbst die Neubauten in der nahen Friedrichstraße nehmen sich in ihrer Moderne so weit zurück, dass sie die Wirkung des Gendarmenmarkts nicht beeinträchtigen.

Seine Schönheit macht den Platz begehrenswert, der Bezirk Mitte verdankt ihm manche Sondernutzungsgebühr – für den Weihnachtsmarkt und Events wie Classic Open Air, Young European Classic oder das Deutsche Einheitsfest am 3. Oktober. Auch für Filmproduktionen ist er gefragt, etwa wenn es darum geht, ein Stück London des 18. Jh. als Kulisse zu zeigen. Verständlich, dass auch die Touristenbusse lieber auf dem Platz als um die Ecke parken würden und die Trabi-Safaris ihr Zwei-Takter-Parfüm gern quer über den Platz verströmen möchten. Am schönsten ist der Gendarmenmarkt aber ohne das alles, ganz so, wie er eben ist.

Toleranz gehört zum Ursprung des Ortes, denn in der ›Friedrichstadt‹ wurden nach 1685 Hugenotten angesiedelt, aus Frankreich vertriebene Glaubensflüchtlinge. Ein Drittel der Bevölkerung sprach damals französisch, sie brachten Handwerk, Handel und Wohlstand.

Das Konzerthaus

Das **Konzerthaus** 1 entwarf Karl Friedrich Schinkel, dessen Berliner Bauten zwischen 1818 (Neue Wache) und 1831 (Bauakademie) entstanden und die Stadt bis heute prägen. Die große Freitreppe, die Schinkel nur für die Platzwirkung schuf, führt nicht etwa in weitläufige Hallen, sondern in enge Logengänge. Denn das Gebäude diente ursprünglich als Schauspielhaus, das 1821 mit Goethes »Iphigenie auf Tauris« eröffnet wurde. Am Vorabend der deutschen Wiedervereinigung fand hier schließlich ein letzter Staatsakt der DDR-Regierung unter Lothar de Maizière mit der Aufführung von Beethovens 9. Sinfonie unter Kurt Masur statt.

Die Dome

Beiderseits des Konzerthauses erheben sich – als architektonische Schwestern – zwei Kirchen vom Beginn des 18. Jh. Die Säulenvorhallen und die je 55 m hohen Türme kamen erst unter Friedrich dem Großen gegen Ende des 18. Jh. zur Verschönerung der beiden Kirchen hinzu, die aber keine Dome sind, sondern wegen ihrer Kuppeln (frz.: *dôme*) so genannt werden. Der **Französische Dom** 2, 1701–1705 für die hugenottische Gemeinde erbaut, wird von dieser bis heute genutzt und beherbergt ein Hugenottenmuseum. Von der Aussichtsgalerie schweift der Blick über den Gendarmenmarkt.

Der **Deutsche Dom** 3 von 1708, das Pendant für die deutsche lutherische Gemeinde auf dem Platz, zeigt heute eine Ausstellung zum Deutschen Bundestag unter dem Titel ›Wege, Irrwege, Umwege‹. Danach war er immer wieder ein Ort Berliner und deutscher Geschichte: Die Barrikadenkämpfer für Meinungsfreiheit und Demokratie bahrten daneben 1848 die Särge von 184 Toten aus ihren Reihen auf.

Öffnungszeiten

Hugenottenmuseum 2: Di–Sa 12–17, So 11–17 Uhr, Eintritt 2 €/1 €.
Deutscher Dom 3: Tel. 030 22 73 04 31, Di–So 10–18, Mai–Sept. bis 19 Uhr.

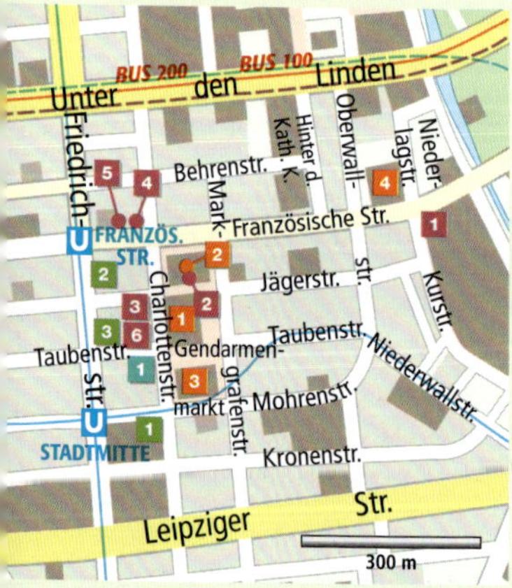

Mehr zu Schinkel und seiner Zeit

In Berlin beziehen sich bis heute alle Architekten auf Schinkel. Die **Friedrichswerdersche Kirche** 4 und die Bauakademie als Attrappe daneben sind Schinkelsche Spitzenleistungen (Werderscher Markt, tgl. 10–18 Uhr, Eintritt frei). Die Kirche präsentiert Skulpturen von ihm und aus seiner Zeit, beachtenswert ist die ›Prinzessinnengruppe‹. **The coffee shop** 1, das Café gegenüber im Außenministerium, ist öffentlich.

Essen und Trinken

Zwischen farbenfrohen Blumenkästen sitzt man auf dem Gendarmenmarkt entspannt an den Tischen des **Refugium** 2 (Gendarmenmarkt 5, Tel. 030 229 16 61, www.restaurant-refugium.de). Der Name erinnert an die Hugenotten, denen in Berlin Zuflucht gewährt wurde. Kleinere Hauptgerichte ab 10 €.

Edles Ambiente für gehobene Shoppingansprüche – Quartier 206 in der Friedrichstadtpassage

Der **Augustiner am Gendarmenmarkt** 3 (Charlottenstraße 55/Jägerstraße, Tel. 030 20 45 40 20, www.augustiner-braeu-berlin.de, tgl. 10–1 Uhr) ist ein Stück München in Berlin, herb und herzlich. Reichhaltige, aber nicht fette Hauptgerichte wie Schweinsbraten mit Knödel oder Schweinshaxe kosten 10–16 €. Guter Service, draußen wie drinnen sitzt man an großen Tischen.

Ein gastronomisches Highlight ist das **Fischers Fritz** 4 (s. S. 94) und auch die in der Szene beliebten Lokale **Borchardt** 5 und **Lutter & Wegner** 6 liegen um die Ecke (s. S. 95, 96).

Einkaufen

Lust auf Süßes? Dann geht am Gendarmenmarkt kein Weg an den köstlichen Pralinés von **Fassbender & Rausch** 1 vorbei (s. S. 102).

Im Übrigen führen hier alle Wege einkaufstechnisch in die Friedrichstraße und dort in die Friedrichstadtpassage mit den Einkaufsparadiesen **Galeries Lafayette** 2 (Friedrichstr. 76–78, www.galerieslafayette.de, Mo–Sa 10–20 Uhr) und **Quartier 206** 3 (www.quartier206.com, Mo–Fr 10.30–19.30, Sa 10–18 Uhr). Die Lebensmittelabteilung des Lafayette ist ein Treffpunkt von Genießern – zum Wein im schummrigen Weinkeller oder zum Schlürfen von frischen Austern, die es zu einem geradezu volksnahen Preis gibt.

Am Abend

Alles Newton, so möchte man die **Newton Bar** 1 beschreiben (Charlottenstr. 57, www.newton-bar.de, So–Mi 10–3, Do–Sa 10–4 Uhr), denn hier sind nicht nur Fotos von Newton dekorativ in Szene gesetzt, auch viele der Cocktails und Drinks sind nach diesem Fotokünstler benannt, wie der ›Absolut Newton‹ oder die ›Newton Wodka Classics‹.

7 | Im Zentrum der Macht – das Regierungsviertel

Karte: ▶ F–G 3 | **U-/S-Bahn:** Hauptbahnhof, **Bus:** TXL

Das historische Reichstagsgebäude und die neuen modernen Repräsentationsbauten im Spreebogen sind zusammen das Regierungsviertel der deutschen Hauptstadt. Mit Glück trifft man hier schon mal einen Politiker auf der Straße – oder man hört im Bundestag den Debatten der Parteien eine Weile zu!

Dort, wo der Zweite Weltkrieg eine tiefe Wunde in Berlins Stadtlandschaft gerissen hat und lange Zeit nur Brache zu sehen war, bringen heute die fantasievollen Regierungsgebäude neuen Glanz an die Spree. Jetzt wird hier Politik gemacht. Politik mit Gleisanschluss, könnte man sagen, denn die riesige Glas-Stahl-Konstruktion des neuen **Hauptbahnhofs** 1 liegt seit 2006 vis-à-vis. Verlässt man ihn an der zur Spree zeigenden Südseite, geht es über einen Fußgängersteg Richtung Schweizer Botschaft und Bundeskanzleramt. Westlich leuchtet die sandsteinrote Moltkebrücke.

Trutzburg der Politik

Jenseits der Brücke liegt das **Kanzleramt** 2. Hält man sich zunächst rechts und geht die kleine Treppe zum Bettina-von-Arnim-Ufer hinunter, so zeigt sich die Regierungszentrale aus einer besonderen Perspektive: Wie eine freundliche Trutzburg sieht sie aus. Helmut Kohl, der ›Kanzler der deutschen Einheit‹, ließ das repräsentative, dennoch gar nicht protzige moderne Gebäude 1997–2001 von den Berliner Architekten Axel Schultes und Charlotte Frank errichten. Häufiger als je zuvor sieht man seit Angela Merkel Hubschrauber auf dem Dach landen – alles wird eben schneller, sogar die Politik. Auch wenn es nicht so wirkt: Mit seiner auf einen zentralen Kubus und zwei Seitenflügel verteilten Gesamtfläche von 12 000 m², mit Hunderten Büros, Tagungsräumen und Konferenzsälen ist das Kanzleramt acht Mal so groß wie das Weiße Haus in Washington. Den Ehrenhof vor dem Zentralbau schmückt eine Skulptur des baskischen Bildhauers Eduardo Chillida: Sie heißt »Berlin«.

Übrigens: Südlich des Kanzleramtes liegt ein weiträumiger, stiller **Skulpturenpark** 4. Eine Gedenktafel erinnert an die alte Krolloper, in die die Nationalsozialisten nach dem Reichstagsbrand ausgewichen waren. Sie wurde zum Ort der Verabschiedung des Ermächtigungsgesetzes. Heute dehnt sich hier der Tiergarten aus, eine Oase für Ruhesuchende.

Wo die Abgeordneten tagen ...

Die Paul-Löbe-Allee führt direkt auf den Platz der Republik und zum mächtigen **Reichstagsgebäude** 3. Noch im Kaiserreich wurde es von Paul Wallot entworfen und 1894 fertiggestellt. Die Widmung über dem Eingang am Frontispiz »Dem Deutschen Volke« kam erst 1916 hinzu, und nur zwei Jahre später rief hier Philipp Scheidemann die Republik aus. Dann kam der Reichstagsbrand 1933, die Nationalsozialisten nahmen ihn als Anlass, um jegliche Opposition im Land auszulöschen. Nach dem Krieg lag das Gebäude im Abseits, direkt dahinter verlief die Mauer. In einem spektakulären Akt verhüllte Verpackungskünstler Christo den Reichstag 1995. Seit September 1999 tagt in dem von Stararchitekt Sir Norman Foster neu gestalteten Gebäude der Deutsche Bundestag.

Foster setzte dem Bau die transparente Kuppel auf, die Licht in den Plenarsaal lenkt – und eine einzigartige Aussicht auf das Regierungsviertel bietet. Diese Kuppel ist das Ziel zahlreicher Besucher, die nach Passieren der Sicherheitskontrolle den Fahrstuhl nach oben nehmen, um dann auf der auch von außen zu sehenden spiralförmigen Rampe im Innern des Glasgebildes zur Aussichtsplattform zu gelangen.

... und die Politiker arbeiten

Das rund um mehrere Höfe angelegte **Paul-Löbe-Haus** 5 bietet Platz für die Arbeit der Bundestagsabgeordneten. Gegenüber beherbergt das **Marie-Elisabeth-Lüders-Haus** 6 das wissenschaftliche Dienstleistungszentrum des Bundestages. Der größte Parlamentsneubau – mit Büros, Parlamentsdiensten und Pressezentrum – ist das **Jacob-Kaiser-Haus** 7 hinter dem Reichstag beiderseits der Dorotheenstraße. In den Komplex wurde das am Reichstagsufer liegende historische **Palais des Reichstagspräsidenten** 8 integriert.

Vom anderen Ufer, auf den Bänken oder der großen Freitreppe vor dem Marie-Elisabeth-Lüders-Haus sitzend, sieht man über die Spreebiegung und die Flotte der Ausflugsdampfer hinweg zu diesem Reichstagspräsidentenpalais – der rechte Ort, um über das Glück nachzudenken, in einer freien demokratischen Gesellschaft ohne Mauern leben zu dürfen, in der man seine Stimme erheben kann, ohne verfolgt zu werden.

Öffnungszeiten

Reichstag 3: www.bundestag.de, Kuppel tgl. 8–22 Uhr (letzter Einlass), kostenlos. Bei Reinigung geschlossen, 4 x im Jahr für mehrere Tage. Besichtigung des Plenarsaals zur vollen Stunde, 45 Min. Dauer, sofern keine Sitzung stattfindet. Spontane Besuche: 2 Std. vorher anmelden im Kiosk vor dem Reichstag. (mit Ausweis!), Anmeldung Fax 030 22 73 64 36, Besucherdienst (Auskunft) Tel. 030 22 73 21 52.

In der Nähe

Unweit des Kanzleramtes liegt das in den 1950er-Jahren als Geschenk der Amerikaner errichtete, damals wegen seiner ungewöhnlichen Dachkonstruktion ›schwangere Auster‹ genannte ehemalige Kongresszentrum und heutige **Haus der Kulturen der Welt** 9, das Ausstellungen, Tanz, Theater und Diskurse organisiert (John-Foster-Dulles-Allee 10, www.hkw.de, U: Bundestag, Bus 100, tgl. 10–19, Ausstellungen Mi–Mo 11–19 Uhr).

Nah an der John-Foster-Dulles-Allee hört man am **Carillon** 10, einem manuell betriebenen Glockenspiel – übrigens das größte Instrument der Welt –, gewöhnlich sonntags um 15 Uhr ein unnachahmliches Konzert.

Chillen, Essen, Ausgehen

Bei gutem Wetter stellen sich in den Liegestühlen des **Capital Beach** 1 direkt am Spreebogen – mit Blick auf den Hauptbahnhof und den Humboldthafen – geradezu mediterrane Gefühle ein. Die Karte listet u. a. Cocktails und preiswerte Bistroküche (Ludwig-Erhard-Ufer, www.capital-beach.eu, S: Hauptbahnhof, tgl. ab 10 Uhr).

Den Superblick auf das Kanzleramt hat man von der anderen Spreeseite vom **Zollpackhof** 2, während man ein preiswertes Menü oder im Sommer auf der Terrasse und im Biergarten Gegrilltes isst (Elisabeth-Abegg-Str. 1, Tel. 030 33 09 97 20, www.zollpackhof.de, S: Hauptbahnhof, Restaurant tgl. ab 10/11 Uhr, Biergarten April–Sept. ab 11 Uhr).

Bunte Unterhaltung mit Kabarett, Chanson, Varieté und Musicals bietet das **Tipi** 1 in seinem spitzen Varieté-Zelt im Grün des Tiergartens, in dem auch für Bewirtung gesorgt ist. Der Biergarten reicht fast bis an den Zaun des Kanzleramts (Große Querallee, Tel. 030 39 06 65 50, www.tipi-am-kanzleramt.de, Bus 100, M85, U: Bundestag, Di–Sa ab 17.30, So ab 16.30 Uhr).

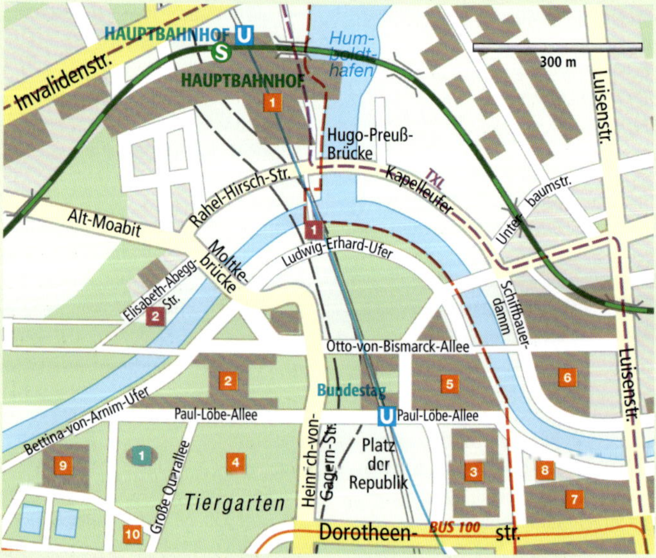

8 | Die neue Mitte – rund um den Potsdamer Platz

Karte: ▶ F 5 | **U/S-Bahn:** Potsdamer Platz, **Bus:** 200, M48

In den 1920er-Jahren war der Potsdamer Platz ein Zentrum der Stadt, ein geschäftiger Verkehrsknotenpunkt und einer der urbansten und lebhaftesten Plätze ganz Europas. Dann bot er für Jahrzehnte ein tristes Bild – zerbombtes Brachland, durch das die Berliner Mauer verlief. Die futuristische Neubebauung war zugleich die völlige Neuerfindung des alten Stadtzentrums: mit einer guten Portion Manhattan-Flair.

Der Platz ist wieder ins Zentrum der Aufmerksamkeit gerückt, er gilt heute als markanter Ort in Berlin – und das vor allem wegen der spektakulären neuen Gebäude, in denen die Fantasien für eine Stadt der Zukunft Gestalt annahmen. In den 1990er-Jahren befand sich hier die größte Baustelle Europas, und am Ende erwuchs aus ihr eine Art Hochhaus-City für das 21. Jahrhundert.

Symbole des neuen Berlin

Imposant sind die Glasfronten des **Sony-Center** 1, mit dem der Chicagoer Architekt Helmut Jahn amerikanisch-asiatische Baumuster aufgegriffen hat. Im Innern, in der Sony Plaza, öffnet sich ein lichter Hof, eine Art Hightech-Marktplatz mit spektakulärer zeltdachartiger Kuppel, die über dem Ensemble zu schweben scheint. Höchster Bau des Stahl-Glas-Komplexes ist der 103 m hohe **Bahn Tower**.

Zum Sony Center gehört das **Museum für Film und Fernsehen Deutsche Kinemathek** 2, das Cineasten zu einer multimedialen Zeitreise durch die deutsche Filmgeschichte einlädt, vom Stummfilm über die Filme der NS-Zeit bis zu aktuellen Produktionen.

Einen ganz anderen architektonischen Akzent setzt die **Daimler City** 3 zwischen Potsdamer Straße, Linkstraße und Landwehrkanal. Den Gesamtentwurf lieferte das Team Hil-

Übrigens: Jedes Jahr im Februar findet rund um den **Marlene-Dietrich-Platz** 4, wo auch der Berlinale-Palast liegt, das bedeutendste Filmfestival Deutschlands statt: die Berlinale. Für die Stars und Sternchen der Kinoleinwände wird hier dann ein roter Teppich ausgerollt, und Cineasten aus aller Welt strömen zum Potsdamer Platz. Tickets für die Berlinale gibt es für alle.

mer & Sattler, dem wohl das Ideal einer ›europäischen Stadt an sich‹ mit engen Gassen, einer Allee, abwechslungsreichen Perspektiven, viel Wasser und einer riesigen Shopping Mall vorschwebte. Beteiligt waren verschiedene Architekten. Hans Kollhoff schuf den klinkerverkleideten **Kollhoff-Tower** 5 am Eingang zur Daimler City nach dem Muster amerikanischer Art-déco-Wolkenkratzer. Die Fahrt zur Aussichtsterrasse lohnt; die Ausstellung zeigt den Potsdamer Platz im Wandel der Zeit.

An der Ostseite beschließt der Bürokomplex der **Park Kolonnaden** 6 (Planung: Giorgio Grassi) die Daimler City. Sie wirken einfach, sind aber wegen der Bahntunnel darunter bautechnisch wie Brückenbauten errichtet.

Jede Menge Kunst und Kultur

... gibt es gleich neben dem Potsdamer Platz. An der Planung des **Kulturforums** zwischen Tiergarten und Landwehrkanal war in den 1950er-Jahren der Architekt Hans Scharoun ganz maßgeblich beteiligt: Für das neue Kulturzentrum rund um die altehrwürdige **St.-Matthäus-Kirche** 7, 1846 von Stüler errichtet (Di–So 12–18 Uhr) , schwebte Scharoun eine großzügige, lichte Bebauung in einer Art Landschaftspark vor – ein völliger Gegensatz zum dicht bebauten Potsdamer Platz. Scharoun selbst plante die **Philharmonie** 8 mit ihrer fast spielerischen Form (1963) und die **Staatsbibliothek** 9 (1972) an der Südseite der heute mehrspurigen Potsdamer Straße.

Die **Neue Nationalgalerie** 10 aus dem Jahr 1968 zeigt die Handschrift von Mies van der Rohe. Sie präsentiert Malerei und Plastik des 20. Jh., von der Klassischen Moderne bis in die beginnenden 1970er-Jahre. Dazu gibt es häufig spektakuläre Sonderausstellungen.

Die 1998 eröffnete **Gemäldegalerie** 11 fügten die Architekten Hilmer & Sattler hinzu. Ihre prachtvolle Sammlung muss den Vergleich mit den großen Gemäldemuseen Europas nicht scheuen. Über 1000 Bilder (von insgesamt 3000) aus 600 Jahren abendländischer Malerei sind in 52 Sälen zu sehen, darunter Werke von Giorgione, Raffael, Tizian, Botticelli, van Eyck, Rubens und Rembrandt.

Das 1985 fertiggestellte **Kunstgewerbemuseum** 12 fristet zu Unrecht ein Schattendasein im Kulturforum. Es birgt Möbel, Kleidung, Gold- und Silberarbeiten sowie Porzellan; Schätze aus mittelalterlichen Kirchen und vom Hof, kostbare Delfter Fayencen und barocke Gläser; Kunstgewerbe vom Klassizismus über den Jugendstil bis zu industrieller Produktion, etwa von Schalenstühlen aus Polyester und Metall.

Auf der Leipziger Straße nach Osten

Angrenzend an den Potsdamer Platz wird die historische achteckige Form des **Leipziger Platzes** mit neuer Architektur befüllt. Noch verbirgt sie sich teils hinter Baugerüsten. Nahebei bezog im Jahr 2000 der **Bundesrat** 13 das alte preußische Herrenhaus von 1904, dessen Säulen wie der Ehrenhof noch von vergangener Adelsmacht künden (Besichtigungen möglich, www.bundesrat.de).

Das **Finanzministerium** 14, 1936 als machtvolles Reichsluftfahrtministerium konzipiert, war in der DDR das ›Haus der Ministerien‹. Hier kulminierte am 17. Juni 1953 der Arbeiteraufstand, den russische Panzer niederschlugen.

Kaiserlich und modern, das schafft das **Museum für Kommunikation** 15, das erste Postmuseum der Welt (1874). Der 150 Jahre alte Repräsentationsbau wirkt prächtig – vor allem auch bei der kunstvollen nächtlichen Beleuchtung.

Infos

Website der Museen am Kulturforum: www.smb.museum

Filmmuseum Berlin 2: Potsdamer Str. 2, www.deutsche-kinemathek.de, Di–So 10–18, Do bis 20 Uhr, 7 €.

Neue Nationalgalerie 10: Potsdamer Str. 50, Di–Fr 10–18, Do bis 22, Sa, So 11–18 Uhr, 8/4 €, Do ab 16 Uhr frei.

Gemäldegalerie 11: Matthäikirchplatz, Di–So 10–18, Do bis 22 Uhr, 8/4 €.

Kunstgewerbemuseum 12: Matthäikirchplatz, Di–Fr 10–18, Sa, So 11–18 Uhr, 8/4 €.

Museum für Kommunikation 15: Leipziger Str. 16, www.mfk-berlin.de, Di 9–20, Mi–Fr 9–17, Sa, So 10–18 Uhr, 3/1,50 €.

Panoramapunkt im Kollhoff-Tower

5: Potsdamer Pl. 1, www.panoramapunkt.de, tgl. 10–20 Uhr, bei guter Sicht länger, Eintritt für Auffahrt und Ausstellung 5.50/4 €. Der schnellste Lift Europas fährt zur besten Aussicht auf Regierungsviertel und Brandenburger Tor und über ganz Berlin-Mitte. Oben ist man im Freien, im rundum verglasten Café fühlt man sich dem Himmel nah.

Günstiger Imbiss

Das **coa, asiatisches Restaurant** 1 (Potsdamer Pl. 5, www.coa.as, 11–23 Uhr, Hauptgerichte 4–12 €) ist einfach, schnell, aber vielfältiger und schmackhafter als andere Asia-Buden. Vietnamesische Einflüsse sind ebenso vorhanden wie Inspirationen der chinesischen, thailändischen und indischen Küche. So bunt wie die Küche ist die Einrichtung – Designer im Farbenrausch …

Einkaufen

In den weit über 100 Läden der **Potsdamer Platz Arkaden** 1 (Alte Potsdamer Str. 7, Mo–Sa 10–22 Uhr) gibt es einfach alles: von Souvenirs im Ampelmann-Laden über Mode bis zu Lebensmitteln.

9 | Mit dem Rad durchs Grüne – der Tiergarten

Karte: ▶ B–G 3–6 | **S-/U-Bahn:** Friedrichstraße, **Bus:** 100

Wasserreichtum und Grünflächen bescheren der Stadt eine Menge Lebensqualität. Die größte innerstädtische Oase ist der Tiergarten, der mit üppiger Bewaldung lockt. Er ist so weitläufig, dass man ihn am besten mit dem Rad durchquert. Auch die Berliner suchen hier Erholung und schattige Plätze für eine Siesta und gönnen sich zum Schluss ein Bierchen am Wasser.

Eine gute Möglichkeit, sich Richtung Tiergarten aufzumachen, bietet die Gegend um den Bahnhof Friedrichstraße. Dort hat man die Wahl zwischen mehreren Radverleihern. Vor der Tour könnte man sich noch einmal in der **Kantine des Berliner Ensembles** 1 stärken, des großen Brecht-Theaters. Dazu geht man rechts am Haus und am Pförtner vorbei, mit Glück trifft man sogar den Autor Rolf Hochhuth, dem das Haus gehört. Dann beginnt die reizvolle Fahrt entlang der Spree, mit Blick auf das **Regierungsviertel** (s. S. 46).

An den Ufern der Regierung

Die Tour führt an Bars und Kneipen wie der **Ständigen Vertretung** 2 vorbei, an den Medienanstalten **RTL** 1 und **ARD** 2 – am anderen Ufer zu sehen – sowie dem **Marie-Elisabeth-Lüders-Haus** 3 mit der Bundestagsbibliothek und sodann unter der Fußgängerbrücke der Abgeordneten hindurch. Nachdem man auf dem super ausgebauten Radweg die **Bundespressekonferenz** 4 passiert hat, radelt man mangels einer noch fehlenden Brücke mit Blick auf den gegenüber liegenden **Capital Beach** 1 zum **Hauptbahnhof** 5 hoch und gleich wieder hinunter zur Spree. Bald hat man einen Traumblick auf den Fluss mit seinen Ausflugsbooten und das **Kanzleramt** 6 dahinter – hier wirkt Berlins Politik absolut entspannt. Ein

Blick nach links auf das **Haus der Kulturen der Welt** 7 und geradeaus bzw. nach rechts auf die wegen ihrer Form so genannte **Bundesschlange** 8, gedacht als Wohnraum für Politiker, die jedoch andere Domizile bevorzugten. Also darf hier heute jeder mit Blick auf die Spree wohnen.

Im Tiergarten

Jetzt geht es links über die Brücke der Paulstraße in den Tiergarten, wo repräsentativ und Spree-nah das streng bewachte, der Öffentlichkeit nicht zugängliche **Schloss Bellevue** 9 liegt: der Sitz des Bundespräsidenten. Kurz darauf ist der verkehrsumtoste Große Stern mit der **Siegessäule** 10 in der Mitte erreicht (10–17/19 Uhr, 3 €). Die kleinen Häuschen an den Enden des Sterns sind Tunneleingänge zur Siegessäule mit der goldglänzenden Viktoria auf ihrer Spitze (1 kg echtes Gold), die einst vor dem Reichstag stand. Sie sollte an die ruhmreichen Siege Preußens erinnern. Hitler ließ sie auf den Großen Stern im Tiergarten verpflanzen. Die ›Goldelse‹ ist übrigens fürs Fitnesstraining gut: Es geht zu Fuß endlose Stufen hoch. Von oben hat man den besten Blick auf die Mutter aller Feiermeilen Berlins, die Straße des 17. Juni.

Auf der anderen Seite der Viktoria beginnt die Fasanerieallee. Sofort wird es ruhiger. Elegant stehen die Standbilder an ihren Flecken, doppelreihig läuft der Parkweg. Je nach Jahreszeit und Wochentag liegen beiderseits die Sonnenanbeter, Familien grillen legal und illegal: Chillen steht allerorten auf dem Programm. Hinter dem **Denkmal zur Fuchsjagd,** quasi bei der **Spanischen Botschaft** 11, ist eine Entscheidung zu treffen: Gleich rechts geht es zum **Café am Neuen See** 3 mit riesigem Biergarten und Ruderbooten. Oder man radelt geradeaus über die kleine Lichtenstein-Brücke direkt auf den **Zoologischen Garten** 12 und das Gehege der Kängurus zu. Nach rechts am Landwehrkanal entlang – der Weg wird um 21 Uhr geschlossen – stehen immer wieder Bänke, von denen man den Wildeseln, Kranichen, Wildhunden, Emus und Fasanen des Zoos zusehen kann. Am Ende lädt der **Schleusenkrug** 4, ein ruhiges Gartenlokal in unmittelbarer Nähe der tosenden City West, zur Pause ein.

Übrigens: Der Tiergarten ist Berlins älteste, bedeutendste und mit 220 ha größte Parkanlage. Die Kurfürsten ließen hier im 16. Jh. Hirsche, Auerhähne, Damwild und Rehe zur Jagd aussetzen – und entlang der direkten Verbindungsallee zum Schloss die ›Linden‹ (s. S. 28) pflanzen. Friedrich der Große ließ den Tierpark zum Lustgarten der Preußenkönige ausbauen. Erste Vergnügungszelte entstanden um 1745. In der Not nach dem Zweiten Weltkrieg versorgten sich die Berliner im Tiergarten mit Brennholz. Von 200 000 Bäumen blieben damals nur 700 stehen!

Retour in die Stadt

Zurück zur Spanischen Botschaft, dahinter nach rechts auf den Großen Weg, der an der Südseite des Tiergartens entlangführt. Direkt nach dem Abzweig in den Ahornsteig sollte man **Königin Luise** 13 auf ihrer blumenreichen Insel noch einen Besuch abstatten. Einst stellte sie sich gegen den Besatzer Napoleon, der im Schloss Charlottenburg in ihrer Unterwäsche herumwühlte, und sie unterstützte die preußischen Reformer. Längs des Ahornsteigs können Sie auch den Musikern Haydn, Mozart und Beethoven noch Ihre Reverenz erweisen. Die Fahrt endet am Brandenburger Tor.

Zoologischer Garten

Der **Zoo** 12 (Hardenbergplatz 8, Budapester Str. 34, www.zoo-berlin.de, tgl. 9–19, Aquarium 9–18 Uhr, 13/10 €, mit Aquarium 20/15 €) ist der älteste Deutschlands (1844) und mit 17 000 Tieren und rund 1400 Spezies der artenreichste der Welt. Von Alexander von Humboldt kam einst die Anregung, dem gestiegenen naturkundlichen Interesse der Bevölkerung entgegenzukommen, die Gestaltung geht auf Lenné zurück, und Friedrich Wilhelm IV. gab die Tiere seiner Menagerie dazu. Eisbär Knut war hier bis zu seinem Tod 2011 die Attraktion. Das Aquarium wurde ganz neu gestaltet.

Kulinarisches bei Tag und Nacht

Die **Kantine im Berliner Ensemble** 1 (Bertolt-Brecht-Platz 1, www.myspace.com/be.kantine, Mo–Sa 9–24, So 16–24 Uhr, in den Theaterferien eingeschränkter Betrieb) ist unterhaltsam und gut, und in der **Ständigen Vertretung** 2 (s. S. 97) gibt es die Chance, Politiker zu treffen. Als Biergärten im Grünen laden das **Café am Neuen See** 3 (Lichtensteinallee 2, Tel. 030 25 44 93 30, Mo–Fr ab 8 Uhr, Sa und So ab 9 Uhr) und der **Schleusenkrug** 4 (Müller-Breslau-Str. 1, Tel. 030 313 99 09, www.schleusenkrug.de, im Sommer tgl. 10–24, sonst 10/11–19 Uhr) zur Rast. Cocktails und Säfte gibt es im **Capital Beach** 1 (s. S. 108) direkt an der Spree, das Kanzleramt im Rücken, den Hauptbahnhof im Blick.

Fahrradverleih

Beim Radverleih **Take a Bike** 1 (Neustädtische Kirchstraße 8, Tel. 030 20 65 47 30, www.takeabike.de) gibt es Räder für 12,50 € am Tag. Alternativen: **Fahrradstation am Bahnhof Friedrichstraße** 2 (Eingang Dorotheenstraße 30, Tel. 030 28 38 48 48, www.fahrradstation.com, Mo–Fr 10–19.30, Sa bis 18, So bis 16 Uhr, Tag/15 €) oder **Fahrradservice am Friedrichstadtpalast** 3 (Friedrichstraße 129/Ecke Claire-Waldoffstr. 2, Tel. 030 447 66 66, www.fahrrad-countrybar.de.be, tgl. 9–20 Uhr, Tag/15 €).

10 | Großstadteleganz und Kaufrausch – der Kurfürstendamm

Karte: ▶ A–C 6 | **U-Bahn:** Wittenbergplatz, **Bus:** 100, M19, M29

Für pralles Erleben auf einem Einkaufsboulevard braucht man breite Trottoirs, Schatten spendendes Grün, gebändigten Verkehr, ein überzeugendes architektonisches Gesamtbild und Geschäfte in Hülle und Fülle: den Kurfürstendamm. Die Berliner nennen ihn liebevoll verkürzt einfach ›Ku'damm‹.

Der Ku'damm ist immer noch die beliebteste Einkaufsgegend Berlins – vor Alexanderplatz und Friedrichstraße. Mit der Großstadtmeile, die übrigens ursprünglich im Jahr 1897 mit je 5 m breiten Reitwegen ausgestattet war, wollte Reichskanzler Bismarck einst Paris mit seinen prächtigen Boulevards übertrumpfen. Kein Haus durfte jedoch das damalige Stadtschloss an Höhe übertreffen, und dieser Verfügung verdankt sich noch die heutige Traufhöhe, denn auch beim Wiederaufbau nach dem Krieg und bei allen späteren Modernisierungen hielt man sich daran. Heute allerdings drängen Investoren darauf, in die Höhe bauen zu dürfen, am Bahnhof Zoo bis zu 118 m. Am Ku'damm steht Schlendern und Shoppen auf dem Programm. Wenn auch die Kinos eingehen und das Nachtleben in den Osten abwandert: Mode läuft hier gut.

Shopper-Paradies

Die Verlängerung der 3,5 km langen Flaniermeile bis zum Wittenbergplatz wurde 1907 mit der Eröffnung des **KaDeWe** (Kaufhaus des Westens) 1 abgeschlossen. Rund 60 000 Kunden statten dem größten Kaufhaus des Kontinents täglich ihren Besuch ab.

Im **Europa-Center** 1 geht es dann mit 70 Läden weiter, von Saturn bis Ginseng-Kosmetik, mit Kneipen und Fast-Food-Lokalen. Auf dem benachbarten Breitscheidplatz mit dem **Weltkugelbrunnen** 2 geben sich Schmuckhändler, Porträtmaler, Musiker und Artisten

Die Turmruine der Gedächtniskirche erinnert an die Zerstörungen im Zweiten Weltkrieg

vor den umliegenden Geschäften ein Stelldichein.

Die Gegend ist Tag und Nacht belebt. Auf dem Platz steht die **Kaiser-Wilhelm-Gedächtniskirche** 3, sie zählt zu den Wahrzeichen der Stadt. Nach ihrer Zerstörung im Krieg blieb die Turmruine als Mahnmal erhalten. Daneben wuchs das 118 m hohe **Zoofenster** 4 in den Himmel, das mit Abstand höchste Gebäude der City West mit dem Waldorf Astoria Hotel. Präsidenten-Suite in der 31. Etage, Spa, Ballsaal und noch mehr Luxus als die 20 anderen 5-Sterne Hotels in Berlin. In den Etagen 16 bis 22 kann man Büros mieten.

Neue Akzente am Ku'damm

An der Kreuzung Ku'damm/Joachimsthaler Straße entstand für 330 Mio. € das **Neue Kranzlereck** 5, ein 160 m langer Bürohausriegel vom Deutsch-Amerikaner Helmut Jahn. Gegenüber erwuchs für rund 43 Mio. € ein neues **Kudamm-Eck** 6 der Architekten Gerkan, Marg und Partner, ein sich nach oben verjüngender Rundbau, auf vier Etagen von C&A belegt, darüber auf sechs Etagen vom Fünfsterne-Swissôtel. Als Blickfang zieren das Gebäude außer der auffälligen Videowand die Skulpturen des Paris und der drei Grazien von Markus Lüpertz, die in die Fassade integriert sind.

Reiches Berlin

Edle Boutiquen und die großen Modemarken, dazwischen Antiquitätengeschäfte und Häuser mit hochkarätigem Schmuck schließen sich in der **Meineke-, Fasanen- und Grolmannstraße** an – ein ungestörtes Bild von Luxus und Kunst. Tommy Hilfiger, Höhe Fasanenstraße, dann kommen Uli Knecht, Kookai, Douglas, Tizian, Budapester Schuhe, Aigner und Marina Rinaldi, dazwischen das Caras-Gourmet und Starbucks.

Internationale Haute Couture konzentriert sich am oberen Ku'damm um die **Schlüter- und Wielandstraße** bis Höhe Giesebrechtstraße. Dicht an dicht haben sich hier in restaurierten Gründerzeithäusern Prêt-à-porter-Marken von Jean Paul Gaultier und Sonia Rykiel über Jil Sander bis Chanel niedergelassen.

Abstecher zum Savignyplatz

Vom Kommerz am Ku'damm zum Geist am **Savignyplatz** 7! Buchläden, Antiquariate, Galerien, Bars und Bistros säumen ihn. Die Spur des Intellektuellen lässt sich in den drei an der Nordseite abzweigenden Straßen weiterverfolgen.

Infos

Kaiser-Wilhelm-Gedächtniskirche 3: Breitscheidplatz, www.gedaechtniskirche.com, 9–19, Gedenkhalle Mo–Sa 10–18, So 12–17.30 Uhr.

Ku'damm kulinarisch

Im Restaurant **Reinhard's** 1 (Kurfürstendamm 27, Tel. 030 20 45 45 45, www.restaurant-reinhards.de, tgl. 6.30–1 Uhr) treffen sich die exklusiven Einkaufstüten vom Ku'damm bei einem Gläschen Schampus. Eine kulinarische First-Class-Alternative dazu ist das **Restaurant 44** 2 im Swissôtel (s. S. 94, mittags zu Volkspreisen).
Zu den nettesten und stilvollsten Cafés Berlins gehört das **Café im Literaturhaus** 3, wo man im Sommer angenehm im Garten sitzt (s. S. 93). Im **King's Teagarden** 4 (Kurfürstendamm 66, Tel. 030 883 70 59, www.kingsteagarden.de, Mo–Sa 10–19 Uhr) verkostet man eine von über 300 Teesorten, nascht dazu elegant ein Stückchen Kuchen und guckt dabei auf den Ku'damm.

Einkaufen

Dem über 100-jährigen **KaDeWe** 1 (s. S. 103) gebührt ein Pflichtbesuch. Auch wenn man nichts kaufen möchte, bleibt man in der Feinschmeckeretage hängen. Im Übrigen stehen die Modeläden am **Ku'damm** so dicht an dicht, dass jeder das Seinige finden wird.
Ein Stück Berliner Kulturleben ist die 1976 von 120 Autoren gegründete **Autorenbuchhandlung** 2 (Carmerstr. 10, Charlottenburg, www.autorenbuchhandlung-berlin.de, Mo–Fr 10–20, Sa 10–18 Uhr) mit großer Lyrikabteilung.

Tagsüber und abends

Einen Drink zwischendrin und eine echte Havanna dazu? Das gibt es im **La Casa del Habano** 1 im Hotel Savoy in der Fasanenstraße Mo–Sa von 0–22 Uhr (s. S. 108).

11 | Mauerkunst – East Side Gallery

Karte: ▶ M 5–6 | **S-/U-Bahn:** Warschauer Straße, Ostbahnhof

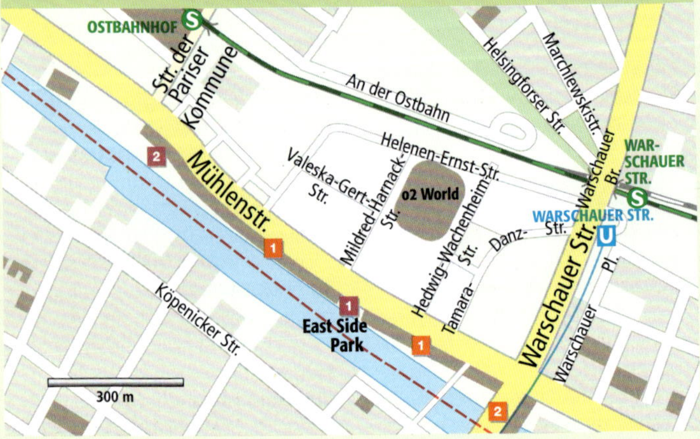

Wenig erinnert in Berlin daran, dass es bis 1989 zwei Städte war. Eine Mauer und ein streng bewachter Todesstreifen durchschnitten die Metropole. Mauer und Kunst: Beides verbindet ein mittlerweile denkmalgeschütztes Überbleibsel der ehemaligen Grenzanlagen am Ufer der Spree.

Wo einst die Grenze zwischen freiem Westen und dem Osten Europas mitten durch die Stadt verlief, erschließt sich Besuchern nicht mehr ohne Weiteres. Ost und West sind in Berlin zusammengewachsen, der oft durch eine Doppelreihe Pflastersteine markierte Mauerverlauf ist im Stadtbild kaum noch sichtbar.

Die Mauer

Nach dem Fall der Mauer erschien im ersten Moment nichts wichtiger, als sie zu beseitigen. Ihre Steine wurden als Souvenirs rund um die Welt verkauft. Doch ein rund 1300 m langer Abschnitt blieb an der Mühlenstraße zwischen Ostbahnhof und Oberbaumbrücke erhalten. Diese Hinterlandmauer war Teil des ›antiimperialistischen Schutzwalls‹ der DDR und sollte ihre Bürger von der Flucht über die Spree in den Westen abhalten.

Vom ›antiimperialistischen Schutzwall‹ zum Kunstwerk

Aus der Euphorie der Wiedervereinigung und des Zusammenschlusses der beiden deutschen Künstlerverbände wurde der Vorschlag geboren, den Mauerabschnitt an der Mühlenstraße von Künstlern aus aller Welt bemalen zu lassen. Im Frühjahr 1990 machten sich 118 Künstler aus 21 Ländern ans Werk. Sie schufen die **East Side Gallery** 1, die längste Open-Air-Galerie der Welt, und Bilder, die um die Welt gingen. In denen sich historische Erinnerungen ebenso wie Zukunftsvisionen spiegeln. Bilder, die als Zitate der Vergangenheit selbst oft zitiert wurden, wie der Bruderkuss zwischen Leonid Breschnew und Erich Honecker von Dmitri Wrubel oder der die Mauer durchbrechende DDR-PKW Trabi von Birgit Kinder. Diese Kunstgalerie unter offenem Himmel wäre zur DDR-Zeit nie möglich gewesen. Viele Gemälde verwitterten und wurden beschmiert. Auf Initiative des Künstlers Kani Alavi konnten 87 Bilder mit öffentlichen Mitteln saniert werden.

Infos

www.eastsidegallery-berlin.de

In der Nähe

Die 1894–1896 aus Ziegelsteinen errichtete zweistöckige **Oberbaumbrücke** 2 über der Spree, mit Arkadengang und Türmen, die an die Hansearchitektur erinnern, diente einst als Zollbrücke, die nachts mit einem Baumstamm gesperrt wurde.

Entspannen und Ausgehen

Zwei Öffnungen in der Mauer führen zu Strandbars am Spree-Ufer. Luft holen und die Aussicht genießen ist dort angesagt, mit Blick aufs Wasser einen Cocktail trinken, Beachvolleyball spielen oder eine Pizza essen; nämlich im **East Side Blick** 1 (Tel. 030 20 68 79 63, www.east-side-blick.de, tgl. 9–24, im Winter 10–17 Uhr) oder im **Strandgut** 2 (www.strandgut-berlin.com, tgl. ab 10 Uhr, open end), wo man bei angenehmer Beschallung wie am Meer im Strandstuhl sitzt oder auf gemütlichen Betten liegt. Wenn's mal regnet, bietet das Zelthaus Schutz.

Proviant einkaufen

Im **Ostbahnhof** kann man sich für den langen Marsch entlang der East Side Gallery versorgen: Neben Supermarkt (fast rund um die Uhr geöffnet) und Drogeriemarkt gibt es Stände und Buden mit Essen und Trinken.

Kreative Kunst am ehemaligen Berliner Mauerstreifen

12 | Party für alle, Tag und Nacht – Friedrichshain

Karte: ▶ östlich M 4 | **S-/U-Bahn:** Warschauer Straße, Frankfurter Tor

Natürlich hat sich in diesem Ostberliner Viertel seit der Friedlichen Revolution von 1989 viel geändert. Studenten aus aller Welt sind hergezogen, jede Menge Cafés, Clubs und Bars haben eröffnet. Aber noch sind nicht alle Häuser renoviert, und die Leute der ersten Stunde können weiterhin ungestört in ihren etwas verwilderten Kneipen rockige Spontankonzerte genießen.

Friedrichshain wird noch einige Zeit das bei Studenten beliebteste Wohnviertel Berlins bleiben, denn es gibt noch Kaltmieten von 5 €/m². Das ist sogar im Vergleich mit kleineren deutschen Städten sagenhaft günstig. Hundert und mehr Kneipen, Bars und Restaurants rund um den Boxhagener Platz sorgen für eine fröhliche Infrastruktur bei Tag und Nacht. Obwohl auch hier die alten Bewohner aus DDR-Zeiten das Weite gesucht haben, spricht man jedoch keineswegs von Gentrifizierung oder ›Bionade-Biedermeier‹, wie es im Fall des Ost-Viertels Prenzlauer Berg der Fall ist.

Das Herz des Südkiez

Für einen Ausflug in den beschaulich-freigeistigen Kiez südlich der Frankfurter Allee empfiehlt sich der Sonntag. Denn dann lockt der **Boxhagener Platz** 1 mit einem feinen **Flohmarkt,** auf dem jeder etwas findet. Wie in Berlin üblich, nutzen ihn viele Künstler als Galerie für ihre Werke. So gibt es hier von Omas Kittelschürze bis zum Kunstwerk, von den ›Ich-miste-meinen-Keller-aus-Ständen‹ bis zu ausgefallenen Lampen, Ostmöbeln oder T-Shirts einfach alles. Die Ausstellergemeinde kennt sich, immer dieselben Leute schlagen hier ihre Stände auf – und daher liegt eine geradezu familiäre Atmosphäre über dem Platz.

Highlife am Platz

Hier also beginnen sonntags alle Aktivitäten: Man geht auf den Markt oder man kommt gerade von dort und setzt sich in eines der Cafés am Platz.

Auch kulinarisch hat der Kiez in Friedrichshain einen ganz eigenen Charakter: Die einfachen Imbisse um den Boxhagener Platz haben es in sich: der Schnellimbiss **Burgeramt** 1 in der Krossener Straße zum Beispiel, der vielleicht die besten Burger der Stadt verkauft. Direkt daneben steht der für seine Falafel bekannte Imbiss **Al Gasali** 2, ein eher unscheinbarer Laden, aber alle Welt schwört auf seine Kichererbsenbällchen. Und die **Volckswirtschaft** 3 lockt mit Bio und nachhaltigen Produkten zu studentischen Preisen – und wirbt mit hierarchiefreier Organisation, was perfekt zur Klientel in Friedrichshain passt.

Das **Artliners** 1, die Gärtnerstraße hinunter, ist einer dieser leicht morbiden Rockschuppen von Friedrichshain. Man traut sich zunächst nicht hinein! Doch mit Glück gibt es gerade ein Konzert, das wirklich Laune macht. Gegenüber steht das **Szimpla** 2, das jede Woche mit coolen ungarischen Konzerten erfreut, Kleinigkeiten zum Essen anbietet und weniger heruntergekommen wirkt.

Simon-Dach-Straße

Hier hat man sich mit der Popularität abgefunden, lebt problemlos neben den jungen Touristen und wählte 2011 zu 25 % Piraten. Kuchen sind die Spezialität der Straße, es gibt gleich zwei Läden, die für ihre Kreationen geliebt werden: der **Kaffeeladen** 4 und das **Kuchen-Rausch** 5, letzteres an einer sehr schönen, großen Straßenkreuzung – keine Berliner Ironie –, an der man entspannen und urbanes Leben genießen kann.

Außerdem locken die **Eismanufaktur** 6, die sich mit Sorten wie Basilikum-Eis ins kulinarische Gedächtnis brennt, und weiter südlich, in der Kopernikusstraße, das legere und trotzdem elegante italienische Restaurant **Miseria e Nobiltà** 7, das seinen Namen dezent in den Granit vor der Tür hat gravieren lassen. Fünfgängige Menüs ab 50 € – haben wir das eigentlich schon gesagt: Friedrichshain ist wirklich preiswert?! Auch im Luxusbereich.

Tafelgold 8 und **Tafelsilber** 3 müssen noch erwähnt werden. Sie liegen direkt nebeneinander. Die Tapasbar und die Cocktailbar sind beide sehr nett und gemütlich.

Übrigens: Über die **Frankfurter Allee** kämpfte sich die Sowjet-Armee 1945 nach Berlin hinein, in wenigen Tagen fielen rund 200 000 Soldaten. 1953 marschierten die Bauarbeiter der DDR gegen höhere Normen und für politische Freiheit auf der damals Stalinallee genannten Straße Richtung Leipziger Platz – eine Straße mit Geschichte.

Infos und Lesestoff

www.boxhagenerplatz.de. Lesenswert von Torsten Schulz »Boxhagener Platz« (2004).

In der Nähe

Das **Frankfurter Tor** 2 bietet die Gelegenheit zu einer kurzen baukundlichen Schulung. Ist das nun Zuckerbäckerstil à la Stalin oder auf Schinkel beruhende Bautradition? Unverkennbar wurde hier das historische Erbe des Berliner Klassizismus aufgegriffen, sogar mit dorischen und ionischen Säulen. Aber Studienreisen der DDR-Architekten nach Moskau sind auch eingeflossen. So entstand ein einmaliges Ensemble. Stilprägend sind die hohen Torhäuser mit Kuppel am Frankfurter Tor nach Plänen von Hermann Henselmann. Die Karl-Marx-Allee wurde nach dem Fall der Mauer zweimal grundlegend saniert und ist heute wieder eine beliebte Wohnadresse. Leider gibt es die Funktionärs-Tribüne nicht mehr.

Essen und Trinken

Burgeramt 1: Krossener Str. 22, Tel. 030 40 03 98 03, www.burgeramt.com, tgl. ab 10 Uhr.
Al Gasali 2: Krossener Str. 21, Tel. 030 23 35 12 36, tgl. 10–1 Uhr.
Volckswirtschaft 3: Krossener Str. 17, Tel. 030 69 20 68 61, www.volckswirtschaft-berlin.de, tgl. 10–22/23 Uhr.
Der Kaffeeladen 4: Simon-Dach-Str. 41a, Tel. 030 29 04 89 16, Di–So 10–20 Uhr, Küche: Di–Fr bis 19, Sa–So bis 16 Uhr.
Kaffeehaus KuchenRausch 5: Simon-Dach-Str. 1, Tel. 030 55 95 38 55, www.kuchenrausch.de, tgl. 9–24 Uhr.
Eismanufaktur 6: Simon-Dach-Str. 9, www.eismanufaktur-berlin.de, in der Eissaison tgl. 10.30–22 Uhr. Das Eis ist so herausragend, dass die Gourmetzeitschrift »Feinschmecker« bereits zweimal darüber berichtete.
Miseria e Nobiltà 7: Kopernikusstr. 16, Tel. 030 29 04 92 49, Di–Fr 17.30–24 Uhr, Fr, Sa open end. Reservierung sehr zu empfehlen.
Tafelgold 8: Niederbarnimstr. 11, Tel. 030 74 78 13 64, www.tafelgold-berlin.de, tgl. ab 16 Uhr.

Ausgehen

Artliners 1: Gärtnerstr. 23, Tel. 030 97 00 21 57, www.artliners-berlin.com, Di–So 15–20 Uhr und zu Konzerten.
Szimpla 2: Gärtnerstr. 15, Tel. 030 66 30 85 23, www.szimpla.de, Mo 14–24, Di–Sa 10–2, So 11–24 Uhr.
Tafelsilber 3: Niederbarnimstr. 12, Tel. 030 74 78 13 64, Do–Sa ca. 20–3 Uhr.

13 | Planet Kreuzberg

Karte: ▶ K–L 5–6 | **U-Bahn:** Kottbusser Tor, **Bus:** M29 bis Oranienstraße

Kreuzberg war eine Hochburg der Westberliner Gegenkultur und ist heute ein stark durch die türkische Bevölkerung geprägtes Gebiet. Die Gegend rund um das Kottbusser Tor, das ehemalige Postzustellgebiet ›Südost 36‹, wird gern als ›Klein-Istanbul‹ bezeichnet. Schwule, Künstler und Alternative behaupten ihre Nischen noch immer in der Oranienstraße.

Im Großstadtdschungel

An der U-Bahn-Station Kottbusser Tor halten auch Berliner ihre Tasche gern ein bisschen fester – sie ist ein Treffpunkt der Junkies. Draußen an der Luft steht man vor dem wie sozialistische Einheitsarchitektur anmutenden Häusergebilde **Zentrum Kreuzberg** 1, das quer über die Adalbertstraße gebaut ist. Durch seine verwinkelte Scheußlichkeit kommt man im hinteren Teil zu einem der coolsten Ausgehclubs Berlins, dem **Möbel Olfe** 1 am Ende der Dresdener Straße.

Die Dresdener Straße selbst ist ein versteckter Allrounder: Tango tanzen am 1. Mai mitten auf der Straße, leckere Nudeln essen im **Gorgonzola Club** 1, Partys feiern im **Würgeengel** 2 oder englischsprachige Filme anschauen im **Babylon** 3 – all das kann man auf diesem kurzen Stück Straße bis zum Oranienplatz erleben.

Oranienstraße

An der Oranienstraße führt kein Weg vorbei. Sie ist Kreuzberg pur, eine Kunst- und Kreativstube, hier ist man jung oder jung geblieben, ständig in Aktion und feiert sich selbst. Die Vielfalt der kleinen Geschäfte, Restaurants, Imbisslokale, Buchhandlungen, türkischen Friseure und Gebetsteppichläden sowie Galerien, dicht an dicht und aus aller Herren Länder, geben einem das Gefühl: Was man hier nicht kriegt, das braucht man auch nicht.

Fashion-Victims kommen ebenfalls auf ihre Kosten. Bei einem Kaffee im coolen **Milch und Zucker** 2, dem alteingesessenen **Bateau Ivre** 3 oder einem Stück Kuchen im **Bierhimmel** 4 können Sie nach dem Shoppen ganz getrost dem Leben dabei zusehen, wie es an Ihnen vorbeitanzt.

Übrigens: Randale in Kreuzberg am 1. Mai – das beschäftigt alle Jahre wieder Polizei und Medien. Dabei trumpfen vor allem Halbstarke auf, während die gesellschaftspolitischen Forderungen der Autonomen keine rechte Rolle mehr spielen. Inzwischen sind die Radaumacher aber immer weiter an den Rand gedrängt worden. Es wird am 1. Mai einfach nur Party auf der Straße gemacht. Und eine Woche später findet die ›Lange Buchnacht der Oranienstraße‹ statt, eigentlich viel treffender für das heutige Kreuzberg.

SO 36 – der Klassiker!

Der große Konzertclub an der Oranienstraße trägt stolz den Namen des Viertels bzw. des alten Kreuzberger Postbezirks **SO 36** 5. Seit der Gründung des Clubs in den 1970er-Jahren ist er immer wieder von Schließung bedroht, geschlossen und trotzig wieder eröffnet worden. Seine wichtigste Zeit hatte er in den 1980er-Jahren, als Leute aus der ganzen Welt hierherkamen, um ausgelassene Partys zu feiern.

Vom Erzengel bewacht

Der Weg vom Oranienplatz zum Engelbecken ist unerwartet verwunschen und führt an einem indischen Brunnen vorbei. Unter den parkähnlichen Anlagen verlief ein Mitte des 19. Jh. angelegter und Anfang des 20. Jh. wieder zugeschütteter Kanal.

Das **Engelbecken** 2 diente in diesem Luisenstädtischen Kanal als kleiner Hafen, in dem die Ziegelsteine für den Bau der hiesigen Luisenstadt entladen wurden. Seinen Namen hat der See nach dem Erzengel Michael bekommen, der auf der **St. Michaelkirche** 3 hinter dem Engelbecken thront. Vor ihrer Zerstörung im Krieg war sie eine der schönsten Kirchen Berlins. An der Kopfseite des Sees sitzt man im **Café am Engelbecken** 4 direkt am Wasser, blickt auf 16 Fontänen und genießt in der Obhut der jungen Kreuzberger Akin und Cheena das Flair dieser kleinen Oase.

Mauerverlauf und Mariannenplatz

Direkt am See entlang und dann der Rundung des Engeldamms folgend verlief die Mauer. Ein Stück bemalte der Franzose Thierry Noir zu der Zeit, als er in dem von der Hausbesetzerszene okkupierten Georg-von-Rauch-Haus lebte. Rockmusiker Rio Reiser widmete mit seiner Band ›Ton Steine Scherben‹ dem **Mariannenplatz** 4 eine Hausbesetzer-Hymne. Jetzt ist der Platz ein beliebter Naherholungstreff und wird für Festivitäten jeder Art genutzt. Im Sommer gibt es das Straßenkunstfestival ›Berlin lacht‹, am 1. Mai das ›Myfest‹.

Für Kreuzberg-Fans

Das **Kreuzberg Museum** 5 (Adalbertstr. 95a, www.kreuzbergmuseum.de, Mi–So 12–18 Uhr, Eintritt frei) erzählt mit einfachen Mitteln die Geschichte der Zu- und Einwanderung in den Stadtteil seit 300 Jahren. Weitere Schwerpunkte sind die 1968er-Protestbewegung und – ganz wichtig – der Kampf um die Stadtsanierung.

Essen und Trinken

Gorgonzola Club 1: Dresdener Str. 121, Tel. 030 615 64 73, www.gorgonzolaclub.de, tgl. ab 18, Reservierungen ab 17 Uhr.

Milch und Zucker 2: Oranienstr. 37, Tel. 030 61 67 14 97, www.milch-und-zucker-berlin.de, Mo–Fr 7–20, Sa, So 8–20 Uhr.

Bistro-Bar Bateau Ivre 3: Oranienstr. 18, Tel. 030 61 40 36 59, tgl. 9–3 Uhr, Küche bis 16 Uhr, Tapas 16–24 Uhr.

Café am Engelbecken 4**:** Michaelkirchplatz, Tel. 0157 88 94 70 91, U Heinrich-Heine-Straße, tgl. 10–24 Uhr.

Im **Sol y Sombra** 5 (Oranienplatz 5, Tel. 030 69 53 38 87, www.solysombra-berlin.de, tgl. ab 17 Uhr bis der letzte Gast geht) sitzt man schön bei einem Glas gutem spanischem Wein. Die Tapas und Speisen sind vorzüglich und nicht zu teuer.

Ein richtig uriges Altberliner Lokal mit holzverkleideten Wänden und einer Einrichtung wie zu Urgroßmutters Zeiten ist die **Henne** 6 (Leuschnerdamm 25, Tel. 030 614 77 30, www.henne-berlin.de, Di–Sa ab 19, So ab 17 Uhr). Der Name verrät, was die Spezialität des Hauses ist: Ein halbes Jungmasthähnchen (7,90 €); dazu serviert man Kraut- oder Kartoffelsalat.

Ausgehen

Möbel Olfe 1: Reichenberger Str. 177, Tel. 030 23 27 46 90, www.moebel-olfe.de, Di–So ab 18 Uhr.

Würgeengel 2: Dresdener Str. 122, Tel. 030 615 55 60, www.wuergeengel.de, tgl. ab 19 Uhr (open end).

Babylon Kino 3: Dresdener Str. 126, Tel. 030 61 60 96 93, www.yorck.de/home. Filme im Original mit Untertiteln. Mo Kinotag.

Bierhimmel 4: Oranienstr. 183, Mo–Do 9–1, Fr 9–3, Sa 13–3, So 13–1 Uhr.

SO 36 5: Oranienstr. 190, Tel. 030 61 40 13 06, www.so36.de.

14 | Kneipen, Kunst, Kreuzkölln – Neukölln!

Karte: ▶ L–M 7–8 | **U-Bahn:** Hermannplatz, **Bus:** M29

Neukölln kennt man aus der Presse als Berliner Bronx. Aber ein kleines Viertel um die Reuterstraße, der sogenannte Reuterkiez, ist ein junges, kunstbesessenes und cooles Phänomen. Hier wird Neukölln zur Lower Eastside, mit Bars, Galerien, kleinen Läden. Und explodiert in allem, was Kunst ist.

Kreuzköllner Trinkkultur

Kreuzkölln nennen vor allem die Neuberliner diesen Kiez, der so nah an Kreuzberg liegt. Neue Berliner sind hier so ziemlich alle. Musik ist in den Kneipen ein identitätsstiftender Faktor, weshalb großer Wert auf die richtige Auswahl gelegt wird. Tatsächlich kann man sagen, dass die Bars und Cafés sich vor allem in ihrem Musikgeschmack unterscheiden. Ansonsten findet sich oft eine nette Einrichtung, bestehend aus 1950er- oder 1960er-Jahre-Möbeln, wilden Tapeten oder Wandfarben und schrägen Accessoires. Die meisten öffnen erst abends, und einige findet man spontan sympathischer als andere.

Eine Auswahl der Möglichkeiten, die sich dem Nachtschwärmer auf kleinem Raum bieten: das **Schilling** 1, das kamingeheizte **Kuschlowski** 2, das **Ä** 3, die sich alle in der Weserstraße befinden, oder direkt gegenüber auch das **Tier** 4. Näher zum Maybachufer liegen der **Raumfahrer** 5 und der **Kinski Club** 6, der den Reigen 2001 eröffnete und bis heute eine feste Größe geblieben ist. Überall kann es zu Spontankonzerten kommen, und die meisten Läden haben auch einen Veranstaltungsplan, einige aber kein Namensschild an der Tür. Man lässt sich einfach treiben.

Kultur à la Kreuzkölln

Klickt man auf der Website www.kunstreuter.de die Karte an, stellt man fest: Fast an jeder Ecke gibt es eine Galerie, eine Galerie mit Café, eine Bar mit Ausstellungsräumen oder einen ambitionierten Friseur, in dessen Räumen Kunst hängt.

Das kleine blaue **Ori-Café** 1 mit Galerie lässt lesen, zeigt Filme und Bilder und lädt zum Fläzen auf breiten Sofas ein. Trashige junge Autoren finden hier Bühne und Publikum. Das kuschelige **Café Myxa** 2 bietet tagsüber leckeren Kaffee, Kuchen und Quiche, nachts eine gemütliche Atmosphäre und regelmäßige Veranstaltungen wie Stand up Comedy und Livemusik.

Das **Klötze und Schinken** 3 ist ein Galerie-Café. Es öffnet morgens gegen 11 Uhr und stellt nicht nur Kunst aus, sondern macht auch hervorragenden Kakao. Das **TingDing** 1 ist eine Klamottengalerie; die Designer machen aus alten Hosen zum Beispiel neue, coole Pullover.

Der ›Türkenmarkt‹

Hier ist Neukölln noch, wie es war: auf dem **Türkenmarkt** 1 am Maybachufer der eigentlich offiziell ›Orientalischer Markt‹ heißt, weil das besser klingt. Aber alle sagen ›Türkenmarkt‹, auch die Türken.

Das Basar-Feeling ist für Deutschland sicher einmalig. Jeden Dienstag und Freitag zwischen 11 und 18 Uhr bauen türkische und andere südeuropäische Migranten ihre Stände längs der Straße beim Landwehrkanal auf und bringen alles, was man sich nur vorstellen kann, zu Schleuderpreisen unter das Volk – Stoffe, Fahrradzubehör, Haushaltsgeräte, Geschirr, Lebensmittel.

Die Handelssprache ist vor allem Türkisch. »Bu ne Kadar?« heißt: »Wie viel kostet das?« Und: »Bu çok Pahalı!« heißt: »Das ist zu teuer«. Damit sollten Sie auskommen. Aber Deutsch wird natürlich auch verstanden.

Infos

Schilling 1: Weserstraße 9, www.schillingbar.de, tgl. ab 18 Uhr, meist länger.
Kuschlowski 2: Weserstraße 202, Tel. 0176 24 38 97 01, www.kuschlowski.de, tgl. ab 20 Uhr.
Ä 3: Weserstraße 40, www.ae-neukoelln.de, tgl. ab 17 Uhr.
Tier 4: Weserstraße 42, tgl. ab 18 Uhr.
Raumfahrer 5: Hobrechtstr. 54, Mo–Sa ab 19 Uhr.
Kinski Club 6: Friedelstraße 28, Tel. 030 62 40 91 37, www.kinskiclub.de, Di–Do 20–1, Fr–Sa ab 21 Uhr.
Ori-Café 1: Friedelstraße 8, www.ori-berlin.de, Mi–So ab 20 Uhr.
Café Myxa 2: Lenaustraße 22, Mo–Fr 11–2, Sa 10–2, So 10–18 Uhr.
Klötze und Schinken 3: Bürknerstraße12, Tel. 030 26 32 33 49,

Basarfeeling – auf dem stadtbekannten ›Türkenmarkt‹ am Maybachufer

www.kloetzeundschinken.de, Mo–Do 15–19, Fr, Sa 13–19 Uhr.
TingDing 1: Bürknerstraße 11, www.tingding.de, Mo–Sa 12–19 Uhr bzw. flexible Öffnungszeiten.

Etwas essen ...

Im **Broschek** 4 (Weichselstr. 6, www.broschek-berlin.de, tgl. ab 18 Uhr) kann man gut einen Happen essen, mit dem netten Besitzer plauschen und ein Biobier trinken. Ein mehrgängiges Menü zum kleinen Preis bekommt man in der hochgelobten **Kantina von Hugo** 5 (Paul-Lincke-Ufer 23, Tel. 030 61 28 31 10, Mo–Fr 16–24, Sa, So 10–24 Uhr). Auch im **Nansen** 6 (Maybachufer 39, Tel. 030 66 30 14 38, www.restaurant-nansen.de, tgl. ab 18 Uhr) gibt es aufwendigere Küche zu akzeptablen Preisen.

Pizza a Pezzi 7 (Nansenstr. 2, am Reuterplatz, tgl. 11–24 Uhr) sorgt für die Sofortverpflegung mit guter Pizza.

Einkaufen

Kuchen! Kaufen und mitnehmen bei der **Koriat Kuchenmanufaktur** 2, (Pannierstr. 29, www.koriat.de, tgl. 9–17.30 Uhr). Er schmeckt.
Mode aus Kreuzkölln für die hippen Läden im ganzen Land hat **icke Berlin** 3 (Friedelstr. 35, Tel. 030 62 98 99 97, www.icke-berlin.de, Mo–Fr 10–18 Uhr). Hier befindet sich das Atelier, in dem Barbara Kristen die nächste Kollektion entwirft. Icke Berlin steht als Label für das neue, freche, witzige Berlin und ganze Produktlinien. Den Flughafen Tempelhof gibt es als Kleid, T-Shirt, Kulturbeutel, Seidentuch oder Messenger-Tasche.

15 | Schöner leben im Osten – Prenzlauer Berg

Karte: ▶ K 1 | **U-Bahn:** Senefelder Platz

Oben in Prenzlauer Berg gibt es einen Laden, der ›SexyMama‹ heißt und Mode für Schwangere verkauft. So ist, auf den Punkt gebracht, das Lebensgefühl in diesem Kiez: geschmackvoll, elegant, lässig, sexy. Jede Menge Wunschkinder leben hier, und vom Senefelder Platz bis hoch zur Sredzkistraße steht die Gegend unter dem Schutz des Gottes der kleinen Annehmlichkeiten.

Am Senefelder Platz steht der **Bioladen LPG** 1, was in diesem Fall »Lecker, Preiswert und Gesund« heißt und nur augenzwinkernd an die Zeit erinnert, als das Viertel sozialistisch heruntergekommen war – mit den niedrigen DDR-Mieten ließen sich keine Häuser sanieren. Heute leben hier junge Familien mit Kindern, die sich gern mit Bio etwas Gutes tun. Die Studenten, die in der Nachwendezeit dieses Pflaster bevölkerten, sind älter und wohlhabender geworden. Die Künstler und Hausbesetzer der 1980er-Jahre mussten wegen zu hoher Mieten das Handtuch werfen. Miesmacher werfen Prenzlauer Berg vor, gentrifiziert und spießig geworden zu sein. Egal: Genießen Sie einfach die freundliche Atmosphäre, trinken Sie so viel Kaffee, wie Sie vertragen, und lassen Sie sich dann mit **Shiatsu to go** 1 in der Sredzkistraße 36 wieder in Form streicheln.

Altbau für die Seele

Kopf hoch und Augen auf! Die Häuser sind zu schön, um darin nur im Erdgeschoss einzukaufen. Wäre die Wende ein oder zwei Jahre später gekommen, wären große Teile Prenzlauer Bergs heute Plattenbaugebiet – die Pläne dafür lagen schon bereit. Dank der friedlichen Revolution wurde der Abriss verhindert, und heute steht hier das größte zusammenhängende Gründerzeitviertel ganz Deutschlands. Einfach

Übrigens: Die legendäre Currywurstbude **Konnopke's Imbiss** 10 (Schönhauser Allee 44, unter der Hochbahn) gibt es schon seit 1960. Max Konnopke war ursprünglich ein reiner ›Wurstmaxe‹, der ab 1930 nur nachts mit dem Wurstkessel unterwegs sein durfte (Mo–Fr 10–20, Sa 12–19 Uhr).

hübsch! Das ist Altbau für die Seele. Wer hier wohnt, ist nicht wirklich am unmittelbaren Überleben orientiert.

Rund um den Kollwitzplatz

Begehrte Wohnungen befinden sich im **Wasserturm** 1 – Park mit Kinderspielplatz inklusive. Der Turm ist ein Wahrzeichen mit viel Geschichte, nicht nur heimelig, denn hier hausten auch die Nazis. Aber die Adresse ist wahnsinnig exklusiv und liegt im Herzen des Schönwetterviertels, in dem die Seele verwöhnt und der Bauch gehätschelt wird: Patisserie an Papeterie, Wellness-Oase an Wickelkommode und Café an Café.

Allein an der Ecke Knaackstraße/Rykestraße gibt es nebeneinander sechs Café-Restaurants, die Besucher an ihre Tische locken. Der Sonntagsbrunch des **Pasternak** 1 sei hier besonders erwähnt: freundlich, lecker, ein bisschen anders als die normale Brunchszene. In der **Kost.Bar** 2 bekommt man gehobene Küche zu zivilen Preisen und ausgezeichnete, offene deutsche Weine. Sie ist übrigens die kleine Schwester des **Café Anna Blume** 3, in dem die Kuchen eigenhändig gebacken werden.

Am Kollwitzplatz gibt es außer den großen und alteingesessenen Restaurants wie dem spanischen **Lafil** 4, dem **Gugelhof** 5 und dem Brunch-Italiener **Belluno** 6 auch noch den Kiosk **Kollwitz 66** 2. Den gab es schon vor der Wende, jetzt kennen Sie ihn vielleicht aus dem Fernsehen: Gedreht wird hier, was das Zeug hält!

Auch in der ruhigen Rykestraße gibt es quasi in jedem Haus Zubehör für die Schönheit von Haus, Körper, Geist und Seele. Die **Patisserie Albrecht** 7 liegt – wie könnte es anders sein – neben einem Schokoladen-Laden und bietet köstliches Eis und kleine Törtchen, die gar nicht nach Sünde aussehen. Und etwas weiter hat das vietnamesische **Restaurant Si An** 8 erstklassige Tees und Gerichte – und mit seinem kleinen Zen-artigen Garten vor der Tür eine Ruheoase fürs luxusmüde Auge.

Kastanienallee

Im Volksmund als ›Castingallee‹ bekannt, geht es hier, jenseits der Schönhauser Allee, cooler und jünger zu. Die Bäckereien heißen **Placebo** 3, die Friseure **Vokuhila** 2, die Klamottenläden **Eisdieler** 4, und junge Medienarbeiter sitzen mit ihren Café lattes in hippen Läden ohne erkennbaren Namen. Und in den Hinterhöfen entstehen immer mehr Off-Galerien ganz junger Künstler.

Die Volksbühne hat eine Spielstätte im **Prater** 9, neben dem gleichnamigen Biergarten, in dem sich alles trifft, was Rang und Namen hat. Ob man es beim Bummeln auf die Titelseite schafft, ist aber ungewiss.

Markt auf dem Kollwitzplatz

Sa von 9–16 Uhr findet auf dem Platz ein schöner Markt statt. Es gibt alles von Anis bis Zimt, Fotos und Bücher, Kleinkunst und Trödel.

Einkaufen

Eisdieler: Kastanienallee 12, www.eisdieler.de, Mo–Fr 12–20, Sa –19 Uhr. Der Secondhandladen **Sentimental Journey** 5 (Husemannstr. 5, www.

sentimentaljourney-berlin.de, Mo–Sa 12–19 Uhr) ist wie dieser besondere Winkel auf Großmutters Dachboden, in dem man stöbern möchte.

Körperpflege

Shiatsu to go: Sredzkistr. 36, Tel. 030 50 57 15 59, www.leibkultur.com, Mo–Do 14–19, Fr 11–19, Sa 11–15 und nach Vereinbarung, 10 Min. 10 €.
Vokuhila: Kastanienallee 16/17, Ecke Oderberger Str., Tel. 030 44 34 25 13, www.friseur-vokuhila-berlin.de, Mo, Mi, Fr 10–20, Di, Sa 10–18, Do 10–22 Uhr.

Essen und Trinken

Pasternak: Knaackstr. 22/24, Tel. 030 441 33 99, www.restaurant-pasternak.de, Mo–Sa 9–1, So 10–1 Uhr.
Kost.Bar: Knaackstr. 24, Tel. 030 43 73 55 74, tgl. 10–1 Uhr geöffnet.
Lafil: Wörther Str. 33, Tel. 030 28 59 90 26, www.lafil.de, Mo–Fr 12–1, Sa 10–16 Uhr Tapas, So 10–16 Uhr Familienbrunch und je ab 17 Uhr à la carte.
Gugelhof: Knaackstr. 37, Tel. 030 442 92 29, www.gugelhof.de, Mo–Fr ab 16, Sa, So ab 10 (Frühstück bis 16 Uhr).
Belluno Ristorante: Kollwitzstr. 66, Tel. 030 441 05 48, tgl. 10–1 Uhr.
Patisserie Albrecht: Rykestr. 39, Tel. 030 44 01 72 73, www.albrechts-patisserie.de, Mo–Fr 9–19, Sa, So 10–19 Uhr.
Si An: Rykestr. 36, Tel. 030 40 50 57 75, www.sian-berlin.de, tgl. 12–24 Uhr, keine Reservierung.
Prater: Kastanienallee 7–9, Tel. 030 448 56 88, www.pratergarten.de, Mo–Sa ab 18, So ab 12 Uhr, Küche tgl. bis 23 Uhr, Biergarten: April–Sept. bei schönem Wetter tgl. ab 12 Uhr.

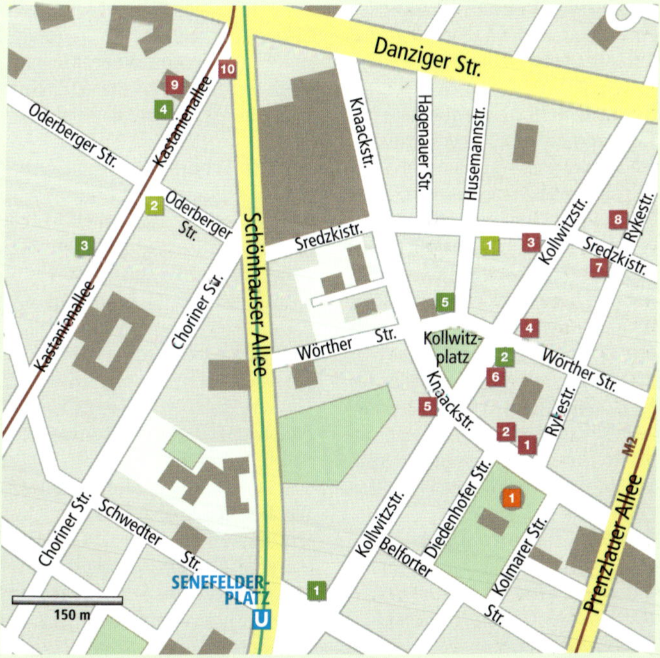

Noch mehr Berlin

Gebäude und Plätze

Olympiastadion ► westl. A 4
Olympischer Platz 3, www.olympiastadion-berlin.de, S/U; Olympiastadion, tgl. 10–16, Sommer 9–19/20 Uhr, Eintritt 7/5 €, Glockenturm, www.glockenturm.de, tgl. 9–19/20, im Winter Sa, So 10–16 Uhr, witterungsabhängig
Von Werner March für die XI. Olympischen Spiele von 1936 erbaut und für die Fußballweltmeisterschaft 2006 zur Arena der Superlative mit 75 000 Plätzen und einem elegant schwebenden Dach ausgebaut. Vom Glockenturm hat man einen schönen Überblick.

Rathaus Schöneberg ► südl. D 8
John-F.-Kennedy-Platz 1, U: Rathaus Schöneberg
Im Rathaus Schöneberg bekannte sich 1963 John F. Kennedy unter dem Jubel einer halben Million Berliner zur Freiheit der Stadt: »Ich bin ein Berliner.« Das war zwei Jahre nach dem Bau der Berliner Mauer wie eine Erlösung. Den Berlinern saß noch die Konfrontation mit den Panzern am Checkpoint Charlie im Oktober 1961 in den Gliedern. Das Rathaus Schöneberg war 1949–1990 Sitz des Regierenden Bürgermeisters (West). Jetzt ist es ein einfaches Bezirksrathaus.

Schloss Charlottenburg
► Karte 3
Spandauer Damm 20–24, Charlottenburg, Tel. 030 32 09 10, U: Richard-Wagner-Platz, Sophie-Charlotte-Platz, Di–So 10–17/18 Uhr, 12/8 €; Neuer Flügel Mi–Mo 10–18 Uhr, 6/5 €, Tageskarte 15/11 €
Das Schloss wurde ab 1695 für die feinsinnige, gebildete Sophie Charlotte errichtet, die Frau des späteren Königs Friedrich I. Es ist das einzige Hohenzollernschloss, das noch in seiner ganzen Barock- und Rokoko-Pracht erhalten ist bzw. nach 1945 originalgetreu wieder aufgebaut wurde. Zu sehen sind beim Rundgang (alle 15 Min.) u. a. die Paradekammern von Friedrich I., die Wohnräume von Friedrich dem Großen und Friedrich Wilhelm IV. sowie das Porzellankabinett mit den 2 m hohen Vulkanvasen. Im Belvedere erhält man Einblick in die Königliche Porzellanmanufaktur.

Schloss Schönhausen
► nördl. K 1
Tschaikowskistr. 1, Pankow, Tel. 0331 969 42 00, www.spsg.de, U2: Pankow, Osloer Straße, S: Pankow, Di–So 10–18, Nov.–März Sa, So, Feiertag 10–17 Uhr, 6/5 €
1740 schenkte Friedrich der Große das Schloss seiner Gemahlin Elisabeth Christine, die es bis zu ihrem Tod 1797 bewohnte. Er wollte sie schön weit weg haben. Ihre traumhaften Rokoko-Räume sind im Erdgeschoss wiederhergestellt. Die Nationalsozialisten lagerten hier ›Entartete Kunst‹. In der DDR residierte der erste Präsident Wilhelm Pieck im Schloss, sein Arbeitszimmer ist erhalten. Das prachtvoll restaurierte Museum dokumentiert diese Geschichte.

Sowjetisches Ehrenmal

► Karte 2, F 4

Straße des 17. Juni, U/S: Brandenburger Tor, Bus: 100

1945 erbaute Gedenkstätte für die 80 000 sowjetischen Soldaten, die in der Schlacht um Berlin vom 16. April bis zum 2. Mai 1945 fielen. Insgesamt kamen dabei mehr als 200 000 Soldaten um, 500 000 wurden verwundet.

Spandauer Zitadelle

► westl. außerhalb, s. Karte 5

Am Juliusturm, Spandau, www.zitadelle-spandau.de, U7: Zitadelle, tgl. 10–17 Uhr, Eintritt 4,50/2,50 €

Das Wahrzeichen des Bezirks Spandau: Die Anfänge des wuchtigen Mauerwerks werden auf das 7. Jh. datiert. Der zinnengekrönte Juliusturm diente als Fluchtburg, Gefängnis und Goldtresor.

Museen und Gedenkstätten

Alliierten-Museum

► südwestl. außerhalb

Clayallee 135/Hüttenweg, Dahlem, Tel. 030 818 19 90, www.alliiertenmuseum.de, U3: Oskar-Helene-Heim, Do–Di 10–18 Uhr, Eintritt frei

Gegenüber dem einstigen US-Hauptquartier wird die Geschichte der Westmächte und Berlins von 1945 bis zum Abzug der Alliierten 1994 dargestellt. Highlights des Museums sind das Wachhäuschen vom Checkpoint Charlie, die Geschichte der Luftbrücke, CIA-Satellitenaufnahmen sowjetischer und ostdeutscher Militärbasen um Berlin von 1956 und ein Spione-Abhörtunnel.

Bauhaus-Archiv ► D 5

Klingelhöferstr. 14, Tiergarten, Tel. 030 25 40 02 78, www.bauhaus.de, www.smb.museum, Bus: 100, 106, 187, M29, Mi–Mo 10–17 Uhr, 6–7/3–4 €

Bauhaus-Design von 1919–33 wird in einem Gebäude nach Entwürfen von Walter Gropius präsentiert. Die weltweit umfangreichste Sammlung zum Bauhaus zeigt das gesamte Spektrum dieser Schule: Architektur, Möbel, Keramik, Metallgegenstände, Fotografie sowie Werke der berühmten Lehrer Walter Gropius, Johannes Itten, Paul Klee, Lyonel Feininger, Wassily Kandinsky, Josef Albers, Oskar Schlemmer, László Moholy-Nagy und Ludwig Mies van der Rohe.

Kreuzberg 36 und 61

Kreuzberg hat wieder Aufwind. Eine neue Künstlerszene etabliert sich rund um die **Bergmannstraße** (► H–J 8), es wird restauriert, die Kneipen laufen, Iren kaufen hier ganze Straßenzüge. Die Bergmannstraße ist auch eine bei Touristen beliebte Meile mit Restaurants und Läden sowie der alten, aufpolierten Marheineke-Markthalle. Kettenläden findet man hier kaum, Kreuzberg ist etwas für Individualisten. Es war eine Hochburg der Westberliner Gegenkultur und ist auch ein stark durch die türkische Bevölkerung geprägtes Gebiet. Das gilt besonders für das ehemalige Postzustellgebiet ›Südost 36‹ (SO 36), die Gegend rund um das **Kottbusser Tor** (›Kotti‹, ► K 6/7). In eine typische Kreuzberger Szene taucht man hier rund um die Oranienstraße ein (s. S. 63). Demgegenüber haben sich am **Südstern** oder in der **Yorck- und Gneisenaustraße,** dem Teil, der Kreuzberg 61 genannt wird, die ›reifer‹ gewordenen Wähler der Grünen etabliert (► G–J 7–8).

Tipps für den Besuch der Berliner Museen

Berlin hat als einzige europäische Stadt mehr Museen (über 170) als Regentage. Die staatlichen Museen werden jährlich von 3,2 Mio. Gästen besucht. Spitzenreiter ist mit knapp 1 Mio. Besucher das **Pergamonmuseum** (s. S. 34), gefolgt vom **Alten Museum** (s. S. 33). Es gibt zwei große Museumsstandorte in Berlin:
Museumsinsel: ▶ Karte 2, H–J 3. Hier liegen das Alte Museum, das Neue Museum, die Alte Nationalgalerie, das Pergamonmuseum und das Bodemuseum. Beschreibung s. S. 32.
Kulturforum: ▶ E–F 5. Mit Neuer Nationalgalerie, Gemäldegalerie und Kunstgewerbemuseum. Beschreibung s. S. 50.
Kombitickets: Kombitickets der Staatlichen Museen zu Berlin – Preußischer Kulturbesitz (SMPK), zu 12, 8 oder 6 €, berechtigen zum Besuch mehrerer Museen am selben Tag. Mit der 3-Tage-Karte **Museum Pass Berlin**, in den Museen zu kaufen, kann man für 19 € (ermäßigt 9,50 €) an drei aufeinanderfolgenden Öffnungstagen viele Berliner Museen und Sammlungen besuchen. Welche Museen genau, steht auf dem Flyer, den Sie mit der Eintrittskarte bekommen – es sind insgesamt knapp 60.
Infos zu den Museen: Staatliche Museen Berlin (auch Vermittlung von Führungen), Tel. 030 266 42 42 42, www.smb.museum; Städtische Museen: www.stadtmuseum.de; Museumsinfo zu allen Museen und aktuelle Programme: Tel. 24 74 98 88 sowie www.kulturprojekte-berlin.de.
Denkmäler im Web: www.stadtentwicklung.berlin.de/denkmal.

Berlinische Galerie ▶ H 6

Alte Jakobstr. 124–128, Kreuzberg, Tel. 030 78 90 26 00, www.berlinischegalerie.de, U1: Hallesches Tor, U6: Kochstraße, U8: Moritzplatz, Mi–Mo 10–18 Uhr, Eintritt 8/5 €
In Berlin entstandene Kunst von 1870 bis heute: Malerei, Grafik, Skulpturen, Videokunst, Fotografie, Architektur, Archive. Café und Shop. Das alles in einem umgebauten Glaslager – Berlins originellste Kunstsammlung.

Berlin Museum der Historiale ▶ G 4; s. S. 101

Brecht-Haus ▶ G 2

Chausseestr. 125, Mitte, Tel. 030 283 05 70 44, www.lfbrecht.de, U: Oranienburger Tor, nur mit Führung, halbstündlich Di 10–11.30 und 14–15.30, Mi und Fr 10–11.30, Do 10–11.30 und 17–18.30, Sa 10–15.30, stdl. So 11–18 Uhr, Eintritt 5/2,50 €
Die Wohn- und Arbeitsräume des Schriftstellers und Dramatikers Bertolt Brecht und seiner Lebensgefährtin Helene Weigel. Viele persönliche Dokumente aus dem Leben der beiden.

Brücke-Museum

▶ südwestl. außerhalb
Bussardsteig 9, Dahlem, Tel. 030 831 20 29, www.bruecke-museum.de, Bus: 115, tgl. außer Di 11–17 Uhr, 5/3 €
Die expressionistische Künstlergruppe ›Die Brücke‹ wurde 1905 in Dresden von vier Studenten gegründet: Ernst Ludwig Kirchner, Fritz Bleyl, Erich Heckel und Karl Schmidt-Rottluff. Das Museum umfasst mit 400 Gemälden die weltweit größte ›Brücke‹-Sammlung.

Checkpoint Charlie

► Karte 2, H 5

Friedrichstr./Zimmerstr., Kreuzberg, U: Kochstraße, Bus: M29

Am ehemaligen Grenzübergang der Alliierten wird im **Mauermuseum** die Geschichte der Teilung, der Fluchten und der Wiedervereinigung dokumentiert (Tel. 030 253 72 50, www.mauermuseum.com, tgl. 9–22 Uhr, 12,50 €/9,50 €). Vor dem Museum steht eine Nachbildung des ersten Wachthauses am Kontrollpunkt. Eine **Freiluftgalerie** vermittelt auf Bild-Text-Tafeln die Geschichte. Eine Straßenecke weiter geht es in der empfehlenswerten Ausstellung in der **Black Box** (www.bfgg.de, tgl. 10–18 Uhr, 5 €/3,50 €) um den Kalten Krieg, illustriert durch Filme, große Fotos und Grafiken. Das 15 m hohe **Mauer-Panorama** (www.asisi.de, tgl. 10–20 Uhr, 10 €, Kombi mit Black Box 12,50 €) von Yadegar Asisi zeigt einen Blick aus der Vogelperspektive von Kreuzberg aus in den Osten an einem fiktiven Tag in den 80ern – gemalt, doch lebendig und beeindruckend, ›echter‹ als Fotos.

DDR-Museum ► Karte 2, J 3

Karl-Liebknecht-Str. 1, Mitte, Tel. 030 847 12 37 31, www.ddr-museum.de, S: Hackescher Markt, Bus: 100, 200, tgl. 10–20, Sa bis 22 Uhr, 6/4 €

Kleines, erfolgreiches Privatmuseum, das den ehemaligen DDR-Alltag zeigt. Vieles kann man berühren. Wirtschaft, Staat, NVA und Ideologie werden dargestellt. Gut erschließt sich die Alltagsgeschichte, wenn man an einer Führung teilnimmt (mit Restaurant-Café).

Deutsches Technikmuseum

► F/G 7

Trebbiner Str. 9, Kreuzberg, Tel. 030 90 25 40, www.dtmb.de, U: Möckernbrücke, Gleisdreieck, Di–Fr 9–17.30, Sa, So 10–18 Uhr, Eintritt 6/3,50 €

Ein Museum zum Anfassen, für jedes Alter spannend: die Entwicklung von Straßen-, Schienen- und Luftverkehr, von Druck-, Nachrichten- und Daten- sowie Produktions- und Haushaltstechnik. Zig Flugzeugmodelle sind ebenso zu sehen wir ein Nachbau der Z 1 von Konrad Zuse, dem Erfinder des Computers.

Gedenkstätte Deutscher Widerstand ► E 5

Stauffenbergstr. 13–14, Tiergarten, Tel. 030 26 99 50 00, www.gdw-berlin.de, U: Potsdamer Platz, Bus: M29, 200, Mo–Mi und Fr 9–18, Do 9–20, Sa–So 10–18 Uhr, Eintritt frei, Führungen ab zehn Personen (mit Anmeldung), Sonntag um 15 Uhr öffentlich

Dokumentation zum Widerstand gegen den Nationalsozialismus und Ehrenhof für die hingerichteten Offiziere des Umsturzversuchs vom 20. Juli 1944.

Gedenkstätte Hohenschönhausen ► nordöstl. M 1, Karte 5

Genslerstr. 66, Hohenschönhausen, Tel. 030 98 60 82 30, www.stiftung-hsh.de, Bus: 256, Tram: 21, M5, M8, nur Führungen: Mo–Fr stdl. 11–15, Sa, So stdl. 10–16 Uhr, Eintritt 5/2,50 €

Historisch interessierte Besucher fragen oft nach dem Führerbunker. Er lag hinter den Plattenbauten an der Wilhelmstraße, Richtung Ebertstraße. 1999 wurden zwar bei Aufräumarbeiten Teile des Bunkers freigelegt, doch man schüttete alles wieder zu, auch wegen der großen Nähe des **Holocaust-Denkmals** (► Karte 2, G 4, s. S. 30). Eine Infotafel an der Voßstraße, Ecke Gertrud-Kolmar-Straße informiert über die Lage des **Führerbunkers.**
Ein Buchtipp für interessierte Leser: »Mythos Führerbunker«.

Das Jüdische Museum ist auch ein Höhepunkt zeitgenössischer Architektur

Die Zentralstelle kommunistischer Repression in Ostdeutschland, das Untersuchungsgefängnis der Stasi (Staatssicherheit); angegliedert waren mehrere oberste Stasi- und Verfolgungsbehörden. Der wichtigste Ort, um das Unrechtsregime zu verstehen und einen grausam-authentischen Einblick in die Arbeitsweise der Staatssicherheit der DDR zu bekommen.

Haus der Wannsee-Konferenz

► südwestl. außerhalb, s. Karte 5

Am Großen Wannsee 56–58, Zehlendorf, Tel. 030 80 50 01-0, www.ghwk.de, Bus 114 ab S Wannsee, tgl. 10–18 Uhr, Eintritt frei

In der Villa am Wannsee trafen sich am 20. Januar 1942 Vertreter der SS und der Hitlerschen Ministerien zur Wannsee-Konferenz und berieten über die Auslöschung der Juden. Eine erschütternde Dokumentation zum Völkermord an den Juden Europas.

Jüdisches Museum ► H 6

Lindenstr. 9–14, Kreuzberg, Tel. 030 25 99 33 00, www.jmberlin.de, U: Hallesches Tor, Kochstraße, tgl. 10–20, Mo bis 22 Uhr außer an Rosch Haschana, Yom Kippur und Heiligabend, 5/2,50 €

Hier werden die Höhen und Tiefen der deutsch-jüdischen Geschichte von der Römerzeit bis heute gezeigt, anhand von Zeitzeugnissen, Dokumenten, Alltagsobjekten. Das mit silbergrauem Zinkblech verkleidete, fast fensterlose Zickzackband des Neubaus nach einem Entwurf des US-Architekten Daniel Libeskind symbolisiert die Fragmente eines zerstückelten Davidsterns. In scharfem Kontrast dazu steht daneben der hohenzollerngelbe Barockbau des Collegienhauses mit dem Museumsshop.

Märkisches Museum

► Karte 2, K 4

Am Köllnischen Park 5, Mitte, www.stadtmuseum.de, U: Märkisches Muse-

um, S: Jannowitzbrücke, Di–So 10–18 Uhr, Eintritt 5/3 €, 1. Mi im Monat frei
Hier ist Berlin! Aktuelle Dauerausstellung mit Schätzen und Geschichte(n) aus der Sammlung des Stadtmuseums, die zum quasi virtuellen Spaziergang durch die Berliner Bezirke Tiergarten, Moabit, Charlottenburg, Wilmersdorf und Friedrichshain einladen.

Martin-Gropius-Bau

► Karte 2, G 5
Niederkirchnerstr. 7, Kreuzberg, www.gropiusbau.de, U/S: Potsdamer Platz, S: Anhalter Bahnhof, U: Kochstraße, Mi–Mo 10–19 Uhr, Eintritt je nach Ausstellung; keine Kombitickets
In diesem nach Entwürfen von Martin Gropius und Heino Schmieden errichteten Gebäude im Stil der hellenischen Renaissance (1877–81) finden herausragende Sonderausstellungen statt. Direkt gegenüber tagen die Abgeordneten von Berlin in dem Gebäude des ehemaligen Preußischen Landtags.

Meilenwerk – Classic Remise

► nordwestl. außerhalb
Wiebestr. 36/37, Tiergarten, www.remise.de, U: Beusselstraße, Mo–Sa 8–20, So ab 10 Uhr, Eintritt frei
Es sieht aus wie ein Museum, ist aber ein Treffpunkt professioneller Händler, fachkundiger Oldtimer-Liebhaber und erfahrener Schrauber und Restauratoren – ein Erlebniscenter für Technikbegeisterte. Modellautos, Autopflegemittel, Sattlereien, Gutachter, es ist wirklich ganz erstaunlich, was es alles gibt.

Museum Berggruen ► Karte 3

Schlossstr. 1, Charlottenburg, Tel. 030 266 42 42 42, www.smb.museum, U: Sophie-Charlotte-Platz, Bus: 309, M45, Di–So 10–18 Uhr, Eintritt 8/4 €
Gegenüber dem Schloss Charlottenburg findet sich eine der kostbarsten privaten Kunstsammlungen der Welt, die Sammlung von Heinz Berggruen, der 1914 in Berlin geboren wurde, 1936 als Jude in die USA emigrieren musste, 2007 in Pa-

Mauerreste

28 Jahre war die 155 km lange und 3,60 m hohe Mauer das makabre Wahrzeichen der Stadt und Symbol der Teilung Deutschlands. Nur eine Doppelreihe Kopfsteinpflaster und wenige Teilabschnitte erinnern noch an die Geschichte. Spärliche Reste sind an der Ecke Zimmer-/Charlottenstraße beim **Checkpoint Charlie** (s. S. 75) oder an der **Niederkirchner Straße** entlang der Topographie des Terrors (s. S. 80) zu sehen.
Die **Mauergedenkstätte an der Bernauer Straße** (► H 1, U8: Bernauer Straße) zeigt das Grauen der Mauer und des Kalten Krieges, ein Stück weiter nordöstlich haben junge Leute im **Mauerpark** (► nördl. H 1, U8: Bernauer Straße, U2: Eberswalder Straße) zwischen bemalten Mauersegmenten Spaß, sonntags ist hier ein riesiger Flohmarkt, häufig gibt es Open-Air-Szene-Karaoke.
Die **East Side Gallery** (► M 5) an der Mühlenstraße wurde nach dem Fall der Mauer vom Osten her von herausragenden internationalen Künstlern gestaltet (s. S. 58).
Der Verlauf der ehemaligen Berliner Mauer ist auf dem Cityplan gestrichelt markiert. Mit dem Rad kann man dem Verlauf vom Checkpoint Charlie über das Brandenburger Tor bis zur Mauergedenkstätte oder etwas weiter zum Mauerpark folgen. Dann erahnt man, was die Teilung für die Stadt bedeutete.

ris starb und wiederum in Berlin seine letzte Ruhestätte fand. Seine Sammlung mit Werken von Picasso, Braque, Matisse und Klee sowie afrikanischer Kunst verkaufte Berggruen im Jahr 2000 der Stiftung Preußischer Kulturbesitz. Picasso steht mit über 100 Exponaten im Zentrum des Museums – von einem Blatt aus der Studienzeit 1897 bis zu Arbeiten von 1972, die ein Jahr vor dem Tod des Künstlers entstanden.

Museum für Asiatische Kunst
► südwestl. außerhalb
Lansstr. 8, Dahlem, Tel. 030 830 14 38, www.smb.museum, U: Dahlem-Dorf, Di–Fr 10–18, Sa, So 11–18 Uhr, Eintritt 6/3 €
Exponate von hohem künstlerischem Rang aus der Blütezeit von Pakistan, Afghanistan, Sri Lanka, Nepal, Tibet, Indien, Südost- und Zentralasien werden in wunderbarer Harmonie präsentiert.

Museum für Fotografie – Helmut Newton Stiftung ► B 5
Jebensstr. 2, Charlottenburg, Tel. 030 31 86 48 56, U/S/Bus: Bahnhof Zoo, Di–So 10–18, Do bis 22 Uhr, Eintritt 8/4 €
Helmut Newtons weltberühmte Fotosammlung, die er kurz vor seinem Tod der Stiftung Preußischer Kulturbesitz als Dauerleihgabe überlassen hatte, umfasst Hunderttausende Negative und 1000 hochwertige Abzüge. Im selben Gebäude befindet sich das Museum für Fotografie mit Ausstellungssälen und Archivräumen.

Museum für Gegenwart im Hamburger Bahnhof ► F 2
Invalidenstr. 50/51, Tiergarten, Tel. 030 266 42 42 42, www.smb.museum, S: Hauptbahnhof, Di–Fr 10–18, Sa 11–20, So 11–18 Uhr, Eintritt ca. 10/5 €
Das älteste Bahnhofsgebäude Berlins, erbaut 1847, wurde durch Um- und Erweiterungsbauten für die Aufnahme der Gegenwartskunst der Nationalgalerie adaptiert. Zeitgenössische Kunst seit 1960 wird gezeigt, auch die Videokunst eines Nam June Paik und Installationskunst. Der Hamburger Bahnhof präsentiert Werke von Beuys, Warhol, Kiefer, Rauschenberg, Liechtenstein, Twombly, Sigmar Polke und anderen namhaften Künstlern. Viele Wechselausstellungen.

Museum für Naturkunde ► G 2
Invalidenstr. 43, Mitte, Tel. 030 20 93 85 91, www.naturkundemuseum-berlin.de, U: Naturkundemuseum, S: Nordbahnhof, Di–Fr 9.30–18, Sa–So 10–18 Uhr, Eintritt 6/3,50 €
Hinein in die Genese des Lebens. Brachiosaurus brancai, der größte Museumssaurier der Welt, ist 13,27 m hoch. Umfassende Informationen über die Entstehung des Planeten, der Lebewesen und Pflanzen.

Sachsenhausen ► nordwestl. außerhalb Karte 5
Oranienburg, Straße der Nationen 22, Tel. 03301 20 02 00, www.gedenkstaette-sachsenhausen.de, S1 Oranienburg (ab Friedrichstraße alle 20 Min., 45 Min. Fahrzeit), RE 5 ab Hauptbahnhof Richtung Stralsund/Rostock bis Oranienburg (stdl., Fahrzeit 25 Min.), 20 Min. Fußweg, Di–So 8.30–18, Winter bis 16.30 Uhr, Eintritt frei
Das Konzentrationslager Sachsenhausen war 1933–1945 Ausbildungs- und Leitlager der Nazis. Zehntausende politischer Gegner und Menschen, die als rassisch oder biologisch minderwertig erklärt wurden, kamen hier durch Hunger, Krankheiten, Zwangsarbeit und Misshandlungen um oder wurden Opfer von systematischen Vernichtungsaktionen der SS. 1945–1950 war Sachsenhausen dann Speziallager der Sowjets.

Ein historischer Bau mit zeitgenössischer Kunst – im Hamburger Bahnhof von 1847

Funktionäre des NS-Regimes, aber auch viele willkürlich Verhaftete wurden hier interniert. Zur DDR-Zeit sollte hier von 1961–1990 an den »Sieg des Antifaschismus über den Faschismus« erinnert werden. Seit 1993 sind die originalen Gebäude und die Relikte des Konzentrationslagers in der Gedenkstätte als authentische Orte erfahrbar.

Stasi-Ausstellung ► Karte 2, G 4

Zimmerstr. 90/91, Mitte, Tel. 030 23 24 79 51, www.bstu.bund.de, U: Kochstraße, tgl. 10–18 Uhr, Eintritt frei

Wie der Geheimdienst der DDR funktionierte: überwachen, verfolgen, zersetzen, einschüchtern, verraten, instrumentalisieren. Die Homepage des BStU widmet sich auch der Geschichte der DDR im Allgemeinen..

Stasi-Museum ► östl. außerhalb

Ruschestr. 103, Lichtenberg, Tel. 030 553 68 54, www.stasimuseum.de, U: Magdalenenstraße, Bus: 240, Mo–Fr 11–18, Sa, So 12–18 Uhr, Eintritt 5/4 €

In der ehemaligen Zentrale der Stasi besucht man die Büroräume des einstigen Chefs des Ministeriums für Staatssicherheit, Erich Mielke; dazu gibt es Einblicke in die Observierungstechnik, Berichte der Opfer und eine Dokumentation des Widerstands in der DDR. Zu Führungen im Stasi-Archiv, extrem spannend, muss man sich anmelden (Tel. 030 23 24 66 99, archivfuehrungen@bstu.bund.de).

The Story of Berlin ► B 6

Kurfürstendamm 207–208, im Ku'damm-Karree, Charlottenburg, Tel. 030 88 72 01 00, www.story-of-berlin.de, U: Uhlandstraße, Bus: 109, 110, M19, tgl. 10–20 Uhr, Eintritt 10/5 €

Stationen der Berliner Geschichte in einer aufwendig gestalteten, multimedialen Ausstellung, die sich über mehrere

Berlin aus der Höhe

In der Gondel eines **Ballons**, der am Stahlseil hängt, schwebt man in 150 m Höhe über Berlin-Mitte, mit Blick auch über das Regierungsviertel. Abfertigung und Flug (15 Min.) kosten19 € (Welt-Hi-Flyer, Zimmerstraße, Ecke Wilhelmstraße, Tel. 030 226 67 88 11, U: Mohrenstraße).
Von der Aussichtsplattform auf dem verklinkerten **Kollhoff-Haus** am Potsdamer Platz blickt man aus 92 m Höhe über den Tiergarten hin zum Reichstag (6,50 €, s. S. 51). Höher ist der **Fernsehturm am Alex** (12 €), von dem aus man den Osten überblicken und die gewaltige Ausdehnung Berlins erahnen kann (s. S. 40). Vom **Französischen Dom** (s. S. 44) hat man eine tolle Aussicht auf den Gendarmenmarkt (40 m, Aufgang nur zu Fuß, 2 €). Der Westen erschließt sich vom **Funkturm auf dem Messegelände** (4,50 €).

Etagen erstreckt. Das Ku'damm-Karree könnte umgebaut werden, deshalb vorher erkundigen.

Topographie des Terrors

► Karte 2, G 5

Niederkirchnerstr. 8, Kreuzberg, Tel. 030 25 45 09 50, www.topographie.de, S: Anhalter Bahnhof, S: Potsdamer Platz, tgl. 10–20 Uhr, Eintritt frei

Eine bewegende Ausstellung zu Gestapo, SS und dem Reichssicherheitshauptamt in der Wilhelm- und Prinz-Albrecht-Straße auf dem Gelände des früheren Gestapo-Hauptquartiers. Der überwiegend an den freigelegten Gebäuderesten orientierte Rundgang über das Gelände umfasst 15 Stationen. Informationselemente sowie eine Audioführung geben einen Überblick über die Schreckensherrschaft der Nationalsozialisten.

Parks und Gärten

Botanischer Garten

► südl. außerhalb

Königin-Luise-Str. 6, Steglitz, Tel. 030 83 85 01 00, www.botanischer-garten-berlin.de, S: Botanischer Garten, U: Dahlem-Dorf, Bus: 101, X83, Mai–Juli tgl. 9–21 Uhr, sonst Kernöffnungszeiten 10–16 Uhr, Eintritt 6/3 €

Auf der Suche nach dem Paradies waren die Pflanzenjäger von Berlin aus in der Neuen Welt (Alexander von Humboldt), rund um die Erde (Adelbert von Chamisso) sowie im Herzen Afrikas (Georg Schweinfurth) unterwegs. Was sie an Samen und Pflanzen mitbrachten, ist heute in einem der artenreichsten und größten Botanischen Gärten der Welt (22 000 Pflanzen auf 43 ha) zu sehen. Im Botanischen Museum finden sich schier unglaubliche Exponate. Eingebettet in die Gartenkunst nach Lenné präsentieren 18 Schaugewächshäuser die Pflanzen unserer Welt.

Tiergarten ► C–F 4

Berlins größter innerstädtischer Park reicht vom Brandenburger Tor bis zum Zoo (s. S. 52)

Tierpark Friedrichsfelde

► östl. außerhalb, Karte 5

Am Tierpark 125, Friedrichsfelde, Tel. 030 51 53 10, www.tierpark-berlin.de, U5: Tierpark, Winter 9–17, Sommer bis 18/19, sonst bis 17 Uhr, 12/9 €

Eine Oase der Erholung ist der riesige Landschaftstierpark Friedrichsfelde mit dem gleichnamigen Schloss. Die 160 ha große Landschaftsanlage birgt rund 7500 Tiere aus fünf Kontinenten. Auf den weitläufigen Freiflächen werden Kamele, Dromedare, Lamas, Wasserbüffel, Auerochsen, Wisente und Bisons gehalten, die freien Auslauf haben.

Rund um den Wannsee: Villa Liebermann, Pfaueninsel, Schloss Glienecke ► Karte 5

Villa Liebermann: S1, S7 bis Wannsee, dann Bus 114, April–Sept. Mi–Mo 10–18/19, Okt.–März 10–17 Uhr, 6/4 €
Pfaueninsel: S Wannsee, dann Bus 218 bis zur Fähre, Fähre Mai–Aug. tgl. 8–21, April, Sept. 9–19, März, Okt. 9–18, Nov.–Feb. 10–16 Uhr, 2/1 €
Schloss Glienicke: Königstr. 36, Zehlendorf, S Wannsee, dann Bus 316

Besonders im Sommer ist der Wannsee ein beliebtes Ausflugsziel der Berliner. Zudem locken historische Seeblick-Villen, Schösser und Parks zu Sightseeingtouren. Haus und Garten der **Villa Liebermann** am Wannsee wurden von der Gartendenkmalpflege und einem Verein aufs Herrlichste restauriert. Hier lebte der Maler Max Liebermann, der sein Atelier am Pariser Platz hatte (s. S. 29).

Ein Haus am See wollte auch König Friedrich Wilhelm II. (reg. 1786–97), der ›dicke Wilhelm‹. Nicht für sich selbst, sondern für seine Geliebte, mit der er fünf Kinder hatte. Das **Schloss auf der Pfaueninsel** ist überwiegend Fassade. Man sieht es von Weitem leuchten und setzt mit der Fähre zum traumhaften Park über, in dem auch heute noch Pfauen frei herumstolzieren.

Im **Park von Schloss Glienicke** (neben der berühmten Agentenaustausch-Brücke) kann man bis heute Mandarinen ernten. Sie sind überraschend süß. Schinkel hatte einst das Schloss entworfen, Lenné richtete den Garten dazu ein: reinster preußischer Klassizismus. Das Museum der preußischen Hofgärtner zeigt Biografien und Gartenpläne.

Seit jeher ist der – in Liedern besungene – Wannsee ein beliebtes Ausflugsziel am Stadtrand

Ausflug nach Potsdam

Wenn der Satz »Männer machen Geschichte« irgendwo stimmt, dann in Brandenburg-Preußen: Die Kurfürsten und später die Könige prägten das Land durch ihren Schaffensdrang, ihre manchmal skurrilen Eigenarten und ihre Architektur. Eine nachhaltige Wirtschaftsförderung in Verbindung mit religiöser Toleranz ließ aus der märkischen ›Streusandbüchse‹ ein preußisches Arkadien werden, dessen Bauten in Potsdam über sieben Generationen hinweg entstanden.

Die Stadt ► Karte 4

Friedrich Wilhelm I. (König 1713–40), der Soldatenkönig, der nie einen Krieg führte, obwohl er der Schöpfer der Elitetruppe ›Lange Kerls‹ war, ließ für Einwanderer das **Holländische Viertel** bauen, das heute gut restauriert und voller Kneipen und Läden ist. Seine Großmutter Luise Henriette von Oranien war Holländerin, sein Großvater Friedrich Wilhelm, der Große Kurfürst, hatte den Hugenotten Asyl gewährt.

Die Siedlung **Alexandrowka** (nördlich des Nauener Tors) wurde unter Friedrich Wilhelm III. (König 1797–1840) auf Initiative seiner Tochter, der russischen Zarin Alexandra, gebaut. Das Gelände wirkt bis heute wie ein russisches Dorf. Die glanzvoll restaurierte Alexander-Newski-Kapelle wird von der russisch-orthodoxen Gemeinde genutzt.

Die ›Moschee‹ an der Neustädter Havelbucht ist nichts als eine fantasievolle Hülle um das **Pumpenhaus**.

Engagierte Bürger mit Günther Jauch als Galionsfigur und Hasso Plattner (SAP) als Großmäzen mit mehr als 20 Mio. € Spenden unterstützen den Aufbau des 1960 gesprengten Stadtschlosses. Dessen Eingang, das **Fortunaportal**, wurde bereits rekonstruiert.

Heute leben viele Prominente in der Nauener- und Berliner Vorstadt rund um den **Heiligen See**, dem ›Beverly Hills von Potsdam‹, u. a. Friede Springer, Nadja Auermann, Wolfgang Joop, Günther Jauch und Ulrich Meyer.

Sanssouci

Friedrich II. der Große (König 1740–86) und sein Urgroßneffe Friedrich Wilhelm IV. (König 1840–61) prägten die großräumige Anlage. Die Schlösser und Parks wurden von der UNESCO zum Weltkulturerbe gekürt. Unter Friedrich dem Großen entstanden Schloss Sanssouci, der Ruinenberg, die Neuen Kammern, die Bildergalerie, das Neue Palais sowie das Belvedere. Friedrich Wilhelm IV., der ›Romantiker auf dem Thron‹, der lieber Architekt als König geworden wäre, fügte den Anlagen Schloss Charlottenhof, die Römischen Bäder, die Orangerie und die Friedenskirche hinzu.

Schloss Sanssouci

Abseits der Residenz in Berlin wünschte sich Friedrich der Große eine Stätte der Besinnung und der Philosophie. In Sanssouci, wo er auch mit Voltaire zusammentraf, verbrachte er seine letzten

Jahre. Das Schloss (1745–47), von seinem Jugendfreund Knobelsdorff entworfen, sollte im Stil des Rokoko, jedoch relativ schlicht gestaltet werden: ebenerdig, hell und lebensfroh, umgeben von Gärten mit Wein, Feigen und Zitronen. Im zentralen Marmorsaal fanden an der Tafel die Dispute mit den Gästen statt. Gegen Abend zog sich Friedrich mit seiner Querflöte und der Hofkapelle – er spielte und komponierte hervorragend – ins Konzertzimmer zurück. Von der kreisrunden Bibliothek schweifte sein Blick auf die Gruft, seine zukünftige Grabstätte, wo er endgültig *sans souci* (ohne Sorge) sein würde.

Ruinenberg

Die umgekippten Säulen (1748) auf einem Berg, den man vom Hof des Schlosses aus sehen kann, sind reine Kulisse, eine romantische Modeerscheinung, ähnlich dem erst später gebauten Chinesischen Haus (1754–57).

Bildergalerie

Würde man behaupten, dort hingen ›hübsche, große Bilder‹, gäbe es einen Aufschrei in der Pressestelle von Sanssouci. Genau das waren aber die Kriterien, nach denen Friedrich der Große repräsentative Werke kaufte.

Neues Palais

Mit seinem Sinn für Ironie nannte Friedrich der Große dieses 1764/65 errichtete Gästehaus ›Fanfaronade‹, Prahlerei. Mit seinen 300 Zimmern sollte es der Welt nach dem Siebenjährigen Krieg vorgaukeln, dass Preußens Staatssäckel noch prall gefüllt war.

Die gegenüberliegenden ›Communs‹ sind reine Kulissenarchitektur; sie werden von der Uni genutzt.

Belvedere

Das zuletzt errichtete Belvedere (1770) auf dem Pfingstberg, Potsdams schönste Aussicht, kam gelegentlich bei Emp-

Für die Einwanderer im Stil ihrer Heimat erbaut: das Holländische Viertel

fängen zur Geltung, war aber im Wesentlichen ein Aussichtsturm.

Neue Kammern
Damit seine Gäste Friedrich dem Großen nicht zu dicht auf den Pelz rückten, wurde die ehemalige Orangerie (1747) zum Gästehaus umgebaut – den Neuen Kammern (1771–74).

Schloss Charlottenhof
Die prägenden Baumeister Preußens waren an Schloss Charlottenhof (1826–29) beteiligt: Schinkel lieferte den Entwurf, der sich an die Villa Albani in Rom anlehnte. Schinkels Schüler Persius baute das Schloss, und Lenné gestaltete den Garten des Sommersitzes.

Römische Bäder
Friedrich Wilhelm IV. selbst zeichnete zahllose Entwürfe (1829–40), die Schinkel und Persius ins Reine brachten. So entstand eine königliche Billardhalle mit Arkaden und nie genutztem römischem Bad, die Italien-Sehnsucht stillend.

Friedenskirche
Hinter dem Potsdamer Brandenburger Tor (1779), dem Abschluss der autofreien Einkaufsmeile Brandenburger Straße, öffnet sich der Park mit der Friedenskirche (1845). Sie beherbergt die Särge Friedrich Wilhelms IV. und seiner Frau, die auf ihren Wunsch am Kopfende zusammengeschweißt wurden.

Orangerie
Wiederum nach Vorlagen aus Büchern setzte sich Friedrich Wilhelm IV. (1851) einen Traumpalast aus den verschiedensten Vorbildern zusammen, um seine Schwester Charlotte und ihren Mann Zar Nikolaus zu überraschen.

Krongut Bornstedt
Ribbeckstraße 6, Potsdam-Bornstedt, www.krongut-bornstedt.de, tgl. ab 11 Uhr, Eintritt auf den Hof frei
Aus dem Krongut Bornstedt hinter der Orangerie wurde ein Kultur- und Erlebniszentrum. Die englische Prinzessin Vicky, Tochter von Queen Victoria und deren Mann Prinz Albert von Sachsen-Coburg und Gotha, lebte dort mit ihrem Mann, dem späteren 99-Tage-Kaiser Friedrich III., gestorben 1888.

Ein Berliner Gastronom betreibt das Krongut, das zu einem Freizeitzentrum ausgebaut ist. Das in der DDR-Zeit he-

Infos

Besucherzentrum: An der Historischen Mühle, Tel. 0331 969 42 02.
Öffnungszeiten: überwiegend 10–18 Uhr, Schlösser: uneinheitlich und wechselnd, siehe www.sanssouci.de, telefonische Ansage der Öffnungszeiten unter Tel. 0331 969 42 00.
Um das Welterbe zu schonen, wurde der Zugang zum Schloss beschränkt. Man sollte sich daher besser vor der Besichtigung des Parks zur **Führung** anmelden.
Eintritt: Tageskarte für alle Schlösser 19/14 € (lohnt sich nur im Sommer, im Winter besser einzeln).
Anfahrt: Von Berlin aus mit der S7/S1 oder mit der Regionalbahn (von Ostbahnhof, Bahnhof Alexanderplatz oder Hauptbahnhof) bis Potsdam-Hauptbahnhof, mit dem Auto via B1 oder über die Glienicker Brücke. Das Berliner ABC-Ticket gilt auch für Potsdams gesamten Stadtbereich.

Filmleuten zusehen

Für Kinder und Jugendliche ist ein Besuch des Filmparks ein Höhepunkt, weil man erleben kann, wie Filme produziert werden, und häufig auch etwas von den aktuellen Produktionen mitbekommt. Schminken und ein Gang durch die Requisite mit vielen Kulissen gehört (oft, je nach Produktion) dazu. Die Führer erzählen wunderbare Geschichten und zusätzlich gibt es eine rasante Stunt-Show (ca. 12 und 15 Uhr). Die großen Filme der UFA, »Der Golem« oder »Metropolis«, aber auch »Jud Süß«, wurden hier gedreht, später produzierte die DEFA »Die Mörder sind unter uns«, »Spur der Steine« und »Der kleine Muck«.

Filmpark Babelsberg: Eingang Großbeerenstraße, Tel. 0331 721 27 50, www.filmpark.de, S7 bis Babelsberg, anschließend Bus 690 oder von Potsdam Hauptbahnhof Bus 601 oder 619, Sommer tgl. 10–18 Uhr, Eintritt 21/17 €, Kinder 14 €.

runtergekommene und als landwirtschaftliches Lager genutzte historische Gebäudeensemble wurde wieder hergestellt. Jetzt wird dort täglich gefeiert, im Restaurant üppig und gut serviert. ›Bornstedter Büffel‹ ist ein hauseigener Schnaps. An vielen Wochenenden finden Veranstaltungen, Märkte und Vorführungen historischer Handwerkskünste statt. Ponys, Ziegen, Schafe, Gänse und eine Vogelvoliere erwarten die Besucher, Shops verkaufen ländliche Produkte.

Neuer Garten

Friedrich Wilhelm II. (König 1786–97), der ›dicke Wilhelm‹, Neffe und Nachfolger Friedrichs des Großen, liebte die Frauen, besonders seine lebenslange Mätresse Wilhelmine Enke. Mit dieser späteren Gräfin Lichtenau hatte er ebenso Kinder wie mit seiner zweiten Frau Friederike Luise von Hessen-Darmstadt. Um Distanz zu seinem verhassten Onkel zu schaffen, ließ er sich im Neuen Garten nieder und hielt gegenüber vom Palais Lichtenau in der Gotischen Bibliothek spiritistische Sitzungen ab. Später ließ er die ägyptisch beeinflusste Orangerie bauen und das luxuriöse Marmorpalais, das als Schlossmuseum restauriert wurde.

Als letztes Hohenzollernschloss errichtete Kaiser Wilhelm II. 1913 für seinen Sohn Wilhelm und dessen Frau Cecilie von Mecklenburg-Schwerin im Stil eines englischen Landhauses **Schloss Cecilienhof**. Bis 1945 lebte der Kronprinz dort – mit Unterbrechungen. Da es gut erhalten war, nutzten es Stalin, Truman und Churchill 1945 für die Potsdamer Konferenz. Truman gab von Potsdam aus den Befehl zum Abwurf der Hiroshima-Bombe. Die Tagungsräume sind als Museum erhalten.

Schloss Babelsberg

Kaiser Wilhelm I. wünschte sich, als er noch Kronprinz unter seinem kinderlosen Bruder Friedrich Wilhelm IV. war, eine Residenz. Seine Frau Augusta lieferte den Entwurf. Peter Josef Lenné und später Fürst Pückler schufen den Park.

Filmmuseum

Breite Str. 1a, Tel. 0331 27 18 10, www.filmmuseum-potsdam.de, Di–So 10–18 Uhr, Eintritt 4,50/3,50 €

Die Ausstellung ›Filmstadt Babelsberg‹ folgt nicht der Chronologie, sondern orientiert sich am Spannungsverhältnis Unterhaltung–Propaganda–Kunst. Eine gute Ergänzung zur Studiotour.

Zu Gast in Berlin

In der Strandbar Mitte im Liegestuhl chillen, einen Cocktail kommen lassen und dabei zusehen, wie Ausflugsboote im Minutentakt vorbeiziehen und wie die Schlange vor dem Museumseingang allmählich kürzer wird. Oder man macht sich mit dem Rad auf den Weg zu den Cafés oder den unzähligen Clubs der Stadt. Berlin schläft nie.

Übernachten

Ein umfangreiches Angebot

Wer die Wahl hat, hat die Qual: Berlin bietet in rund 750 Unterkunftsbetrieben, darunter mehr als 20 Fünf-Sterne-Häusern, weit über 100 000 Betten, und es kommen ständig neue Hotels hinzu, weil die großen Ketten an eine wachsende Nachfrage glauben. Wenn nicht gerade eine Messe oder ein anderes Großereignis stattfindet, bekommt man jederzeit ein Zimmer in allen Preiskategorien. Beachten Sie bei der Standortwahl, dass die Wege in Berlin aufgrund der dezentralen Stadtstruktur oft lang sind. Messegäste bevorzugen daher ein Quartier im Westen der Stadt. Für touristische Besuche liegt es nahe, sich in Mitte (einschließlich Potsdamer Platz), Kreuzberg oder Prenzlauer Berg einzuquartieren. Dort befinden sich die meisten Sehenswürdigkeiten, Museen, Restaurants und Clubs. Übrigens bieten Ferienwohnungen u. U. eine interessante Alternative zum Hotelaufenthalt.

5-Sterne-Hotels zum 3-Sterne-Preis

Die durchschnittlichen 4- bis 5-Sterne-Hotelpreise sind im europäischen Vergleich niedrig (138 €, Paris 301 €, London 296 €) und selbst im nationalen Vergleich moderat. Ab 40 € übernachtet man in einem ordentlichen Hostel im Doppelzimmer. Hotels mit zwei oder drei Sternen kosten um die 100 €. Dem Luxus ist bis zur Präsidentensuite mit Blick auf den Tiergarten keine Grenze gesetzt. Fragen Sie nach tagesaktuellen Preisen, denn die Preise schwanken je nach Saison und Belegung. Die Hotels in Berlin sind im Schnitt unter 50 % ausgebucht. Deswegen sind Preise oft verhandelbar. Günstige Tagesangebote findet man auch unter www. hrs.de oder bei www.hotel.de.

Hostels

Mit 100 Hostels ist Berlin Europas Hostelmetropole. Die Häuser werden tendenziell schicker und bieten auch kleinere Schlafräume an. Siehe auch unter:
www.backpackingeurope.com
www.hostelworld.com
www.backpacker-network.de

Reservierung

Neben der unkomplizierten Buchung über ein Reisebüro ist die Zimmersuche über folgende Websites möglich:

Visit Berlin: Service Center Tel. 030 25 00 23 33, www.visitberlin.de, Mo–Fr 9–19, Sa 10–18, So 10–14 Uhr. Gibt jährlich einen aktuellen Hotelführer heraus. Auf visitberlin.de erhält man einen guten Überblicke zu Hotels, Hostels und

Bed & Breakfast: Tel. 030 44 05 05 82, www.bed-and-breakfast-berlin.de.

Zimmervermittlung für Schwule und Lesben: Tel. 030 23 62 36 10, www.ebab.de.

Ferienwohnungen: www.ihre-ferienwohnung-in-berlin.de; www.ferienwohnungberlin.de; www.ferienwohnung-zimmer-berlin.de.

Günstig und nett

Nur im Dachgeschoss – **Alameda Berlin: ■ L 5,** Michaelkirchstr. 15, Mitte, Tel. 030 30 86 83 30, www.hotel-alameda-berlin.de, U: Heinrich Heine-Straße, S: Jannowitzbrücke, Bus 147 ab Hbf., ab 70 €, Frühstück 8 € extra. Alles ganz neu, total ordentlich, aber eben kein Superluxus. Das Tollste ist die günstige Lage: zum Frühstück ins Café am Engelbecken, tagsüber in die Stadt und abends zum Tanzen in den Tresor.

Ausgezeichnet – **East Seven: ■ K 1**, Schwedter Str. 7, Prenzlauer Berg, Tel. 030 93 62 22 40, www.eastseven.de, U: Senefelder Platz, 60 Betten, 6 Einzel-, 12 Doppel-, 6 Mehrbettzimmer für 17, 25, 37 €, im Winter günstiger. Von Hostelworld.com in Dublin, der mit Abstand größten Online-Buchungsmaschine, zum besten Hostel Deutschlands (2009) gekrönt. Relaxt, mit großem Garten, großzügiger Selbstversorgerküche und pingelig sauberen Bädern. Wenige Schritte zur Kastanienallee und zum Kollwitzplatz.

City West – **Hotel Bogota: ■ A 6**, Schlüterstr. 45, Charlottenburg, Tel. 030 881 50 01, www.hotel-bogota.de, Bus M 29, 113 Zimmer, EZ 40–110 €, DZ 58–120 €. In dem 1911 erbauten Haus brachten die Nationalsozialisten die Reichskulturkammer unter und verhörten Berühmtheiten wie Heinz Rühmann und Wilhelm Furtwängler. Später entnazifizierten die Briten von dort aus deutsche Kulturarbeiter. Der Denkmalschutz sorgt für preiswerten Wohnraum: Inhaber Joachim Rissmann darf nicht alles umbauen, für einige Zimmer gibt es Etagenduschen. Viele Stammgäste.

Erste Sahne – **Jetpak City Hostel: ■ B 7**, Pariser Str. 58, Charlottenburg, Tel. 030 784 43 60, www.jetpak.de, U: Spichernstraße, 3-/4-/6-/8-Bettzimmer für 30, 22, 20,18 € pro Pers. In Traveller-Foren zählt dieses zu den besten, saubersten und freundlichsten Hostels weltweit. Das wundert einen nicht, wenn man sich dieses familiäre und helle Haus ansieht. Zudem haben alle Zimmer WLAN, Internetnutzung ist frei.

Hostel-Klassiker – **Mitte's Baxpax Hostel: ■ G 1**, Chausseestr. 102, Mitte, Tel. 030 28 39 09 65, www.baxpax.de, U: Zinnowitzer Straße, hinterer Ausgang, S: Nordbahnhof, 15 € (Mehrbett-Zi) bis 56 € (2-Bett-Zi) ohne Frühstück, EZ um 30 €. Ante Zelck hat sich immer gefragt, warum Jugendherbergen so ungastlich sind. Seit Mitte der 1990er-Jahre betreibt er wohl als Erster in Berlin, lange bevor sich diese Übernachtungsart in Deutschland durchsetzte, ein Hostel mit 100 Betten, das auf die Bedürfnisse von jungen Rucksacktouristen eingestellt ist, inklusive szenespezifischem Beratungsservice, Radverleih (den Stadtplan gibt's gratis), Internetzugang, Café und Selbstversorgerküche.

Mitten in Kreuzberg – **Motel One: ■ K 6**, Prinzenstr. 42/Moritzplatz, Kreuzberg, Tel. 030 70 07 98 00, www.motel-one.com, U: Moritzplatz, EZ 59 €, DZ 74 €, Frühstücksbuffet 7,50 €, Eventzuschlag ab 20 €. Gut, günstig, sauber. Ein Kind bis zwölf Jahre kann gratis im Zimmer der Eltern übernachten. Parkplätze sind in der Nähe des Hotels vorhanden.

Stilvoll wohnen

Spektakuläre Aussicht – **Abion Villa: ■ D 3,** Alt-Moabit 99, Mitte, Tel. 030 39 92 09 99, www.abion-villa.de, U: Turmstraße, Zimmer und Suiten 80–215 €, Frühstück ab 19 €. Direkt an der Spree und das Innenministerium im Rü-

Sicherheitshinweis: Beim Frühstück, auf dem Weg zum Buffet und auch sonst sollte man auf Handtaschen und Jacken aufpassen. International arbeitende Profi-Diebe aus Ex-Jugoslawien, Rumänien, Algerien oder Südamerika halten sich gern in Luxushotels auf und schlagen zu, während Sie sich Ihr Rührei holen. Sie sind dem Ambiente angepasst und treten als Pärchen oder auch als zwei Singlefrauen auf.

cken, das ist also ein gut abgeschirmtes Hotel. Am Bootssteg kann man mit der hoteleigenen Yacht ablegen. Einst war das die Adresse von Bolle, dem Unternehmer, der Berlin mit frischer Milch versorgte. Geschmackvolles Design und edle Holztöne prägen die Zimmer.

Kaisertreu – **Adlon: ■ Karte 2, G 4**, Unter den Linden 77, Mitte, Tel. 030 22 61-0, www.hotel-adlon.de, S/U: Brandenburger Tor, DZ ab 260 €, Frühstücksbuffet für Gäste 39 €, sonst 49 €. Patzschke & Klotz entwarfen ein stilprägendes Haus in Anlehnung an das historische Adlon, bei dessen Eröffnung einst Kaiser Wilhelm II. als erster Gast in allen Badezimmern das heiße Wasser aufdrehte. Mit blattvergoldeten Deckentapeten, französischen Fenstern und Möbeln aus Kirsch- und Myrtenholz schickt sich das Adlon an, wieder das erste Hotel in Deutschland zu werden.

Originell – **Arte Luise Kunsthotel: ■ Karte 2, G 3**, Luisenstr. 19, Mitte, Tel. 030 284 48-0, www.luise-berlin.com, U: Pariser Platz, S/U: Brandenburger Tor, DZ 79–210 €. Vis-à-vis vom Reichstagsgebäude befindet sich das 1999 eröffnete Hotel in einem klassizistischen Baudenkmal von 1825, das mit dem Nachbarhaus, dem Bülowschen Palais und ehemaligen Künstlerclub ›Die Möwe‹, ein Ensemble bildet. Neben günstigen Zimmern in der Mansarde gibt es herrschaftliche, aber dennoch preisgünstige Räume. Jedes Zimmer wurde von einem Künstler gestaltet, der Raum ›Chez rose‹ zum Beispiel von Sabine Hartung: in Grün gehalten, mit gelbem Rosengemälde über dem Bett, Rosenseife und Rosenliteratur. Zimmer zur Bahntrasse können etwas laut sein.

Historischer Charme – **Honigmond ■ H 2**, Tieckstr. 11, Mitte, Tel. 030 28 44 55-0, www.honigmond.de, U6: Naturkundemuseum, Oranienburger Tor, DZ ab 145 € inkl. Frühstück. Im Gründerzeithaus von 1895 wohnt man gediegen unter Stuckdecken in einem intimen Privathotel, das im Norden von Berlin-Mitte liegt. Es ist Kaffeehaus, Restaurant – schon seit 1920 – und Hotel unter einem Dach. Mit Frühstück, Mittagessen, Kaffee und Kuchen sowie Abendessen wird alles für die kulinarische Rundumversorgung getan.

Klassisch global – **Hotel de Rome: ■ Karte 2, H 4**, Behrenstr. 37, Mitte, Tel. 030 460 60 90, www.HoteldeRome.de, U: Französische Straße, 146 große Zimmer, darunter 4 historische und 35 moderne Suiten, 220–395 €, Suiten ab 595 €, Schnäppchensuiten 396 €. Heidi Klum oder historische Architektur – was ist wichtiger? Natürlich zieht es die Top-Models in die Top-Hotels. Wo früher die Dresdner Bank war und heute nebenan im ehemaligen Direktorenflügel das private Bankhaus Löbbecke residiert, entstand ein Hotel von feinstem Geschmack und mit kostbarer Ausstattung. Der Blick von der Dachterrasse zur Humboldt-Universität und über Mitte ist traumhaft. Jederzeit kann man hier Kaffee trinken, von der Bebel-Bar aus überblickt man den Platz. Der legendäre Gastrokritiker Heinz Horrmann lobt das Restaurant Parioli.

Nahe bei Schinkel – **John F.: ■ Karte 2, H 4**, Werderscher Markt 11, Mitte, Tel. 030 40 50 46-0, JohnF@arcotels.com, DZ ab 120 €, Frühstück 20 € extra. Wegen des auf der anderen Straßenseite liegenden Außenministeriums heißt das elegante Hotel so. Die Friedrichswerdersche Kirche mit Skulpturen aus der Zeit Schinkels liegt gegenüber, und auf einer weiteren Seite entstanden die attraktiven, schmalen Townhouses. Eine Minute zum Gendarmenmarkt, zu den Linden, zur Spree.

Modern und behaglich – **Maritim proArte Hotel: ■ Karte 2, H 3**, Friedrichstr. 151, Mitte, Tel. 030 20 33-5, www.maritim.de, U/S: Friedrichstraße, DZ ab 184 € inkl. Frühstück, Suite ab 232 €. Ein wandelndes Lexikon über Berlin begleitet die Gäste auf Wunsch: der Kunsthistoriker Dr. Siegfried Wein. Dieser belesene und freundliche Stadtführer verschafft dem Hotel eine neugierige Fan-Gemeinde. Fünf-Sterne-Haus mit allen Annehmlichkeiten.

Am Puls der Zeit – **The Regent Berlin: ■ Karte 2, H 4**, Charlottenstr. 49, Mitte, Tel. 030 203 38, www.regenthotels.com, U: Französische Straße, 194 Zimmer, 36 Suiten, 1 Raucherlounge, DZ ab 235 €, Suiten ab 445 €. Madonna meint, es sei das beste Hotel Berlins. Sie hat wohl recht. Die etwas glatte Fassade des Architekten Joseph Kleinhues lässt nicht den Prunk erwarten, von dem man in der klassisch gestalteten Lobby empfangen wird: Kronleuchter und gediegener roter Marmor, große Zimmer mit Blick auf den Gendarmenmarkt, alles sehr elegant und klassisch. Carl G. Langhans, der Erbauer des Brandenburger Tors, wohnte, wo sich heute der nach ihm benannte Salon des Hotels befindet. Vor dem Hotel bilden sich immer wieder Menschenansammlungen. Das sind dann die Tage, an denen Robbie Williams hier nächtigt oder Arnold Schwarzenegger, Drew Barrymore, die Rolling Stones …

Im Hotel Honigmond schläft man in einem typischen Berliner Gründerzeithaus

Essen und Trinken

Ein neuer Stil

Ein neuer Stil von trendsetzenden Restaurants hat sich herausgebildet, der mit den klassischen kulinarischen Kriterien nicht zu beschreiben ist. Heute kennzeichnet eine Vielfalt hochprofessioneller und zugleich unbefangener Küchen den metropolitanen Reichtum der Berliner Gastrolandschaft.

Die Augen essen mit: Die neue Berliner Gastronomie wird auch optisch immer schöner. Statt Tellern gibt es etwa Naturschiefer, um darauf angebratenen Hackepeter vom Wollschwein, Erbsenkresse, marinierte Wildkräuter und dazu einen Karottenwürfel, der im Karottensaft mit Honig glasiert wurde, zu einem Erlebnis für die Augen zu arrangieren.

Berliner Küche heute

Innerhalb von nur zehn Jahren hat sich Berlin aus der gastronomischen Provinz zum Superstar aufgeschwungen. 13 Sterneköche haben ihren Weg an die Gastronomiespitze gemacht. Einige kochen unter den Fittichen eines Fünf-Sterne-Hotels, andere behaupten sich unabhängig im Edelgastronomie-Segment und kochen sogar fürs Fernsehen wie Kolja Kleeberg vom VAU. Berlin ist, das sagen Michelin und Gault-Millau übereinstimmend, die Stadt mit den meisten herausragenden Restaurants in Europa.

Gleichzeitig behauptet sich die bodenständige heimische Küche neben der reichhaltigen Gastronomie aus aller Welt, die mit den Immigranten nach Berlin kam. Und Berlin ist schneller geworden, was sich auch in der Esskultur spiegelt. Die schnellen Restaurants mit ihren Bagels, der Suppen-Kultur und Sushi sind schicker und besser denn je.

Currywurst und Co.

Nicht auszurotten ist das Vorurteil, Eisbein mit Erbspüree gehöre zu den Leibspeisen der Berliner. Und tatsächlich ist das Gericht in jeder original Berliner Kneipe zu bekommen. Daneben ist die Currywurst untrennbar mit Berlin verbunden. Ihre Erfinderin soll am 4. September 1949 Herta Heuwer (1999 verstorben) gewesen sein, die eine Würstchenbude am Stuttgarter Platz hatte. Ihr zu Ehren wurde eine Gedenktafel an der Ecke Kantstraße/Kaiser-Friedrich-Straße angebracht. Heute gehen jährlich 70 Mio. Currywürste über die Tresen. Schlangen bilden sich z. B. am Ku'damm 195 (Höhe Schlüterstraße), wo man zur Currywurst, auf dem Porzellanteller serviert, als Spezialität des Stehimbisses wahlweise einen Piccolo oder eine Flasche Dom Perignon zu 120 € erstehen kann. Hier holen sich Promis aus Kultur und Politik gern eine Curry. Das gilt als cool, und niemand quatscht sie an.

Gastronomische Kernzonen

Wo sich eine besonders hohe Dichte an Restaurants und Imbissen findet, so dass Sie sich selbst umsehen können, lesen Sie S. 106 im Kapitel Ausgehen.

Frühstücken und Cafés

Politiker & Lobbyisten – **Café Einstein: ■ Karte 2, G 4**, s. S. 31.

Dichter & Schlemmer – **Café im Literaturhaus: ■ B 6,** Fasanenstr. 23, Tel. 030 882 54 14, www.literaturhaus-berlin.de, U: Uhlandstraße, tgl. 9.30–1 Uhr. Eines der schönsten Berliner Cafés. Mit Blick auf die Gründerzeithäuser drumherum sitzt man im Garten oder Wintergarten und isst am Springbrunnen einen Salat. Warme Kleinigkeiten gibt es bis Mitternacht, das Fleisch kommt aus Freilandhaltung, und die vegetarischen Gerichte sind delikat, s. auch S. 57.

Studentinnen & Praktikanten – **Kaufbar: ■ östl. M 5,** Gärtnerstr. 4, Friedrichshain (s. auch Karte S. 62), Tel. 030 29 77 88 25, www.kaufbar-berlin.de, S/U: Warschauer Straße, Do–Mo 10–24, Di, Mi 15–24 Uhr. Die Kaufbar ist ein kleines, nettes Café, in dem man alles kaufen kann, was rumsteht, sogar das Mobiliar. Frühstückswünsche zum Ankreuzen ab 4 €.

Prinzen & Prinzessinnen – **King's Teagarden: ■ westl. A 6**, Kurfürstendamm 66, Tel. 030 883 70 59, www.kingsteagarden.de, Mo–Sa 10–19 Uhr. Berlins Teespezialist, im Geschäft sind über 300 Teekreationen vorrätig. Oben genießt man in Ruhe ein Kännchen Tee und schottischen Kuchen, s. auch S. 57.

Heidi & Peter – **Nola's am Weinberg: ■ J 1**, Veteranenstr. 9, Mitte, Tel. 030 44 04 07 66, www.nola.de, U8: Rosenthaler Platz, Mo–So 10–1 Uhr. Wie auf einer Terrasse hoch in den Alpen frühstückt man schweizerisch, Käseplatte oder Bircher-Müsli, abends isst man dann auch Fondue oder mit Honig und Thymian gratinierten Ziegenkäse. Am Sonntag genießen gern die jungen Familien aus der Nachbarschaft das Frühstücksbuffet wie auf der Alb.

Gourmet-Lokale

Forever young – **Alt-Luxemburg: ■ westl. A 5, südl. Karte 3,** Windscheidstr. 31, Charlottenburg, Tel. 030 323 87 30, www.alt-luxemburg.de, U: Sophie-Charlotten-Platz, S: Charlottenburg, Mo–Sa ab 17 Uhr, vier Gänge 67 €. Ingrid und Karl Wannemacher führen das Restaurant unglaubliche 30 Jahre zusammen. Allüren wie bei angesagten Fernsehköchen kann man nicht erwarten. Es gibt z. B. Kalbstafelspitz mit Walnussvinaigrette, Erbsen-Minzsuppe mit Hummer, Kaninchenkeule mit Pfifferlingen; außergewöhnlich gut sind auch die Desserts.

Penthouse aus Glas – **Facil: ■ Karte 2, F 5,** Potsdamer Str. 3, Tiergarten, Tel 030 590 05 12 34, www.facil.de, S/U: Potsdamer Platz, Mo–Fr 12–15 und 19–23 Uhr, Menü ab 80 €. Über dem Mandala entstand eigens für das Facil ein nobler, scheinbar schlichter Glaskubus, in dem man direkt unter den Sternen zu sitzen meint. Bei der verblüffenden, fischreichen Küche von Michael Kempf erahnt man ihre intellektuelle Durch-

Ein Tipp: In vielen Berliner Gourmetrestaurants isst man mittags überraschend preiswert. Diese Mittagsmenüs bieten die Chance, die Kreationen der Sterne-Köche, die mit ihren feinen Geschmacksnuancen bis an die Grenzen der Wahrnehmungsfähigkeit vordringen, und ihre oft auch sehens- und erlebenswerten Etablissements kennenzulernen, ohne arm zu werden.

dringung, die aber – auch aufgrund des lockeren Service – von hehrer Gaumenfreude ins emotionale Lot gebracht wird. So könnte ein Menü aussehen: Gewürzlachs mit Sauerrahmmus und Kartoffelbaumkuchen; geschmorte Rinderschulter mit Lauch und Gänselebersauce; Rohmilchkäse, Dessert von Lebkuchen und Rumtopffrüchten; Topfenknödel mit Waldbeeren. Passend dazu, aber nicht im Menüpreis enthalten, die Weine.

Klassischer Westen – **First Floor:** ■ **C 5/6**, im Hotel Palace, Budapester Str. 45, Charlottenburg, Tel. 030 25 02 10 20, www.firstfloor.palace.de, S/U: Zoologischer Garten, Kurfürstendamm, Di–Sa 18.30–23 Uhr, Abendmenü 100 €. Gediegen bis prunkvoll eingerichtet. Leichte, moderne Küche mit fernöstlich-mediterraner Extravaganz. Mehrgängige Menüs und täglich ein Überraschungsmenü. Seezunge, Lasagne mit Erbsenschaum, Wolfsbarsch, Blutwurst mit Spitzkohl oder Jakobsmuscheln mit Pflaumen.

Gourmet-Sterne-Sammler – **Fischers Fritz:** ■ **Karte 2, H 4**, im The Regent Berlin, Charlottenstr. 49, Mitte, Tel. 030 20 33 63 63, www.fischersfritzberlin.de, U: Französische Straße, tgl. 6.30–11.30, 12–14, 18.30–22.30 Uhr, 3-Gänge-Mittagsmenüs ab 47 €, abends ab 95 €. Wer mag, kann morgens, mittags und abends bei dem einzigen Zwei-Sterne-Koch Berlins, Christian Lohse, essen. Da das Restaurant Fischers Fritz in einem Hotel untergebracht ist, kann gar nichts schiefgehen: Erlesen ist alles, die Dekoration, das Mobiliar, die Speisen und Getränke, und Sie müssen nicht unbedingt einen Wein für 3600 € bestellen – auch wenn Sie könnten –, um im Luxus zu schwelgen.

Wo Köche essen gehen – **Lochner:** ■ **D 6,** Lützowplatz 5, Mitte/Tiergarten, Tel. 030 23 00 52 20, www.lochner-restaurant.de, Bus 100, 106, M 29, Di–So ab 18 Uhr, vier Gänge 60 €. Ein angenehm ruhiges Restaurant, das von dem Paar Gerlinde Lochner-Kern und Andreas Lochner geführt wird: Er in der Küche, sie im Service. 1988 haben sie sich bei der Arbeit im Hotel Berlin kennengelernt, gleich nebenan. Zehn Jahre war Lochner im Paris-Moskau. Seit 2004 haben sie ihr eigenes Restaurant. Wenn ich mit Freunden essen gehe, die nicht nach Stars oder Sternchen schielen und die es mit den Club-Restaurants nicht so haben, kommen nur Lochner und Alt-Luxemburg (s. S. 93) in Frage. Lochner kocht stark regional bezogen, was die Zutaten angeht: Kabeljau auf Ochsenschwanzsauce mit Liebstöckel-Stampfkartoffeln, Salzwiesenlamm, Topfenstrudel ....

Französisch modern – **Margaux:** ■ **Karte 2, G 4**, Unter den Linden 78 (Eingang Wilhelmstraße, EU-Haus), Mitte, Tel. 030 22 65 26 11, www.margaux-berlin.de, S/U: Brandenburger Tor, Mo–Sa 19–22.30 Uhr, Abendmenü drei Gänge 95 €, sechs Gänge 140 €, acht Gänge 180 €, vegetarisches Menü 100 €/140 €. Grimmige Bodyguards vor der Tür wie in einem Club, vielleicht weil eine Königin erwartet wird? Wenn man nicht so gut in die Boulevardpresse eingelesen ist, ist man auf den flüsternden Kellner angewiesen. Zwischen Onyx und Blattgold berät Sommelier Rakhshan Zhouleh, Perser, bei der Weinauswahl. Dann lässt man sich vielleicht eine Taube, ganz vorsichtig gegart, klein und zart, bringen. Oder Austern mit Roter Bete, Apfel und Minze; Blanquette de Veau, fast wie gedämpft mit hauchdünnen Trüffelscheiben – so ein bisschen Tausendundeine Nacht. Zum Abschied ein einziger Löffel Eisenkrautschaum mit kandierten Orangen?

Gleich am Kanzleramt – **Paris-Moskau: ■ E 3**, Alt-Moabit 141, Tiergarten, Tel. 030 394 20 81, www.paris-moskau.de, S/U: Hauptbahnhof, tgl. 18–1, Mo–Fr auch 12–15 Uhr. Abendmenü: vier Gänge ab 56 €, mit Weinbegleitung 80 €. An der Bahnlinie Paris–Moskau werden die Spezialitäten beider Länder innovativ variiert – ein kulinarischer Genuss mit Top-Service und einer interessanten, unkonventionellen Weinkarte. Das Restaurant als Geheimtipp zu bezeichnen wäre übertrieben, aber da es abseits der Szeneviertel liegt, trifft man vor allem auf gastrofreudige Berliner. Bald entsteht dahinter das Bundesinnenministerium.

Business & Beauty – **Restaurant 44: ■ B 6**, im Swissôtel (Aufzug nehmen), Augsburger Str. 44, Charlottenburg, Tel. 030 22 01 00, www.restaurant44.de, U: Kurfürstendamm, Mo–Sa 12–14.30, 18–22.30 Uhr. Der Business-Lunch, Mo–Fr mittags mit zwei Gängen kostet 22 €, ein Schnupperangebot. Abends zahlt man für das sechsgängige Degustationsmenü pro Person 82 €. Hummer, Hecht mit Spargelsalat, Doradenfilet mit kalabrischer Salami, Geschmortes vom Atterochs, Erdbeeren mit weißer Schokolade und Thymiancreme ..., alles in angenehmer Abfolge, nicht zu wenig, kompetent serviert, mit passendem Riesling und Rotwein. Man sitzt und guckt von oben auf den Ku'damm.

Kometenhafter Aufstieg – **Restaurant Reinstoff: ■ G 2**, Edison Höfe, Schlegelstr. 26c, Mitte, Tel. 030 30 88 12 14, www.reinstoff.eu, S: Nordbahnhof, Di–Sa ab 19 Uhr, vier Gänge ab 60 €, fünf ab 80 €. Geschmackvolle Einrichtung: viel Schwarz, Holz, Spiegel, ein Sternenzelt aus Lampen. Das junge Kochwunder Daniel Achilles erhielt bereits ein halbes Jahr nach Eröffnung seines Restaurants einen Stern. Seine Gerichte sind reine Sinnlichkeit, egal ob Dorade mit Passionsfrucht oder Leipziger Allerlei. Seine sächsischen Wurzeln ahnt man, in erster Linie ist er aber ein Weltklassekoch, der seine Gäste in legerer Atmosphäre bewirtet. Reservieren!

Bei Brecht gegenüber – **Rutz: ■ G 2**, Chausseestr. 8, Mitte, Tel. 030 24 62 87 60, www.rutz-weinbar.de, U: Oranienburger Tor, Di–Sa ab 16, Küche ab 18.30 Uhr, 4-gängiges Überraschungsmenü 62 €. Wein steht im Mittelpunkt, Namensgeber Lars Rutz (verstorben) war einer der besten Sommeliers Berlins. Die Auswahl reicht vom deutschen Riesling um 27 € bis zu edelsten französischen Tropfen wie Château Cheval Blanc für 1700 €. Unten im Haus gibt es deutsche Traditionsküche wie Eisbein und Leberwurstbrot, oben kommt Sterneküche auf den Tisch – so Erlesenes wie geschmorte Brust vom Wagyurind mit Rosmarinpüree und Parmesankrapfen. Beim Überraschungsmenü lernt man alles kennen, was man sich an Crossover erträumen kann, etwa Flusskrebs und in Nussbutter confierten Maibockrücken.

Gut und günstig

Bunt & jung – **Vapiano: ■ Karte 2, H 4**, Mittelstr. 51–52, Mitte, Tel. 030 50 15 41 00, www.vapiano.de, S/U: Friedrichstraße, Mo–Sa 10–1, So 10–24 Uhr. Pizza 5,50– 8,50 € und Dolci wie Panna cotta, Schokoladenkuchen oder Milchreis 3–3,75 €. Pizza und Pasta werden in der offenen Küche vor Ihren Augen zubereitet, dann nimmt man sie mit an den Tisch. Sparen am Personal, nicht an den Produkten und schon gar nicht an der Ausstattung des farbenfroh-fröhlichen Restaurants mit Hofgarten, das ist die Devise.

Reichlich & erdig – **Kartoffelkeller: ■ Karte 2, G 3**, Albrechtstr. 14 b, Mitte, Tel. 030 282 85 48, www.kartoffelkeller.com, S/U: Friedrichstraße, tgl. 11–1, warme Küche bis 23.30 Uhr, Hauptgerichte ab 10 €. Wenn man richtig Kohldampf schiebt und eine studentisch große Portion deftiger, regionaler Küche braucht, findet man hier einen angenehmen Platz. Kartoffeln mit bayerischer Sauhaxn; indisch mit Hühnchenbrust, Mandeln, Curry; Kartoffelpizza mit Blattspinat, Knoblauch, Mozzarella. Es gibt auch Vegetarisches sowie Fisch, Krabben, Scampi. Als Nachtisch gefüllte Puffer mit heißen Früchten.

Duftig & scharf – **Rani: ■ D 7**, Goltzstr. 32, Schöneberg, Tel. 030 215 26 73, U: Nollendorfplatz, tgl. 12–24 Uhr. Ein thailändischer Schnellimbiss inmitten einer preisgünstigen Global-Village-Restaurant-Landschaft. Köstlich ist der mit Koriander marinierte Viktoriabarsch in Limonenblättern für 5 €. Auch Tofu oder Garnelen mit exotischen Zutaten, in üppigen Portionen, sind günstig. Gleich nebenan liegt der indische Imbiss Rani.

Szene und Ambiente

Stars & Sternchen – **Borchardt: ■ Karte 2, H 4**, Französische Str. 47, Mitte, Tel. 030 81 88 62 62, www.borchardt-catering.de, U: Französische Straße, tgl. 11.30–24 Uhr, Hauptgerichte um 25 €. Mit dem Borchardt zog Glanz in Berlins Mitte ein: Der durch Säulen gegliederte Hallenbau, einst Versammlungsort der hugenottischen Gemeinde, schafft das richtige Ambiente für Politiker, Fernsehkommissare, Vorabendserien-Sternchen und Talkshow-Master. Das Borchardt ist das In-Restaurant schlechthin. Kati Witt und Jack Nicholson trafen sich dort, Hillary Clinton, Mick Jagger, Arnold Schwarzenegger, Madonna und Leonardo DiCaprio speisten hier ebenso wie Barack Obama.

Extro & vertiert – **Grill Royal: ■ Karte 2, H 3**, Friedrichstr. 105b, Mitte, von der Weidendammbrücke treppabwärts, direkt an der Spree, Tel. 030 28 87 92 88, www.grillroyal.de, S/U: Friedrichstraße, tgl. ab 18 Uhr, Hauptgerichte 16–50 €. Die maximale Vereinigung von Geld und Glamour mit Blick auf die Spree, Models und Promis aus Film und Clubwelt. Boris Radczuns zeigt, wie man Steaks aus Argentinien und Irland platt macht. Boris war früher bei Cookie, dann machte er im Adlon das Felix bekannt und füllt nun die 150 Plätze im DDR-Plattenbau mit Spreeblick zwei Mal pro Abend. Art Forum, Berlinale oder Fashion Week, alle lassen sich gern von »ein Kilo Garnelen« verwöhnen, fast ein Diät-Gericht, mit viel Knoblauch und Rosmarin in die Pfanne gehauen.

Jugend & Stil – **Hackescher Hof: ■ Karte 2, J 3**, Rosenthaler Str. 40/41, Mitte, Tel. 030 283 52 93, www.hackescher-hof.de, S: Hackescher Markt, Mo–Fr 8–3, Sa, So ab 9 Uhr, Hauptgerichte ab 11 €. Die Hackeschen Höfe (s. S. 36), Europas ältester Wohn- und Gewerbekomplex, 1906 von August Endell im poppigsten Jugendstil ausgeschmückt, wurden vom geschichtsbewussten Investor Roland Ernst zum Zentrum von Kleinbetrieben, Gastronomie und (Theater-)Kunst ausgebaut. Im Restaurant mit Schaufensterfronten führt man eine spezielle Theaterkarte für Gäste, denen nach der Vorstellung der Magen knurrt. Fisch ist immer auf der Abendkarte zu finden. Nachmittags bekommt man zum Kaffee hausgemachte Torten.

Berliner & Touristen – **Lutter & Wegner: ■ Karte 2, H 4**, Charlottenstr. 56,

Das Noi Quattro in Kreuzberg spielt in der kulinarischen Oberliga mit

Mitte, Tel. 030 202 95 40, www.lutter-wegner-gendarmenmarkt.de, U: Französische Straße, tgl. 11–3 Uhr warme Küche bis 1 Uhr, Weinstube bis 3 Uhr, Hauptgerichte ab 18 €. Wo der Schriftsteller E. T. A. Hoffmann im 1811 gegründeten Traditionshaus bei Sekt versackte, tummeln sich heute am Gendarmenmarkt glückliche Japaner ebenso wie die Weingutbesitzerin vom Kap, die hier nach Herzenslust den 800 Weinen frönen kann. Dazu gibt es aus der österreichisch inspirierten Küche Tafelspitz, Kalbsgulasch mit Spätzle, Wiener Schnitzel und Kaiserschmarrn, aber auch Kalbshaxensülze, Brandenburger Landente oder ostpreußisch-herzhaften Sauerbraten. Die kräftige Gasthaus-Küche wird auf höchstem Niveau gepflegt, jetzt auch mit zuverlässigem Service.

Italien von seiner feinsten Seite – **Noi Quattro: ■ J 8,** Südstern 14, Kreuzberg, Tel. 030 32 53 45 83, www.noiquattro.de, Mo–Sa 18–24 Uhr, Menüs 48/55 €, teils nur auf Vorbestellung. Elegante italienische Küche in stilvollem Ambiente – aus dem Geheimtipp des Kreuzberger Establishments ist eine der prämierten Gastronomieadressen der Stadt geworden. Der Thunfisch mit Beelitzer Spargel ist ein Gedicht, die Weinkarte überzeugt ebenso wie das Essen. Im Sommer sitzt man schön auf der Außenterrasse.

Rheinland in Berlin – **Ständige Vertretung: ■ Karte 2, G 3,** Schiffbauerdamm 8, Ecke Albrechtstr., Mitte, Tel. 030 282 39 65, www.staev.de, U/S: Friedrichstraße, tgl. ab 11 Uhr, open end, Mittagstisch 12–15 Uhr. »Jubel in Berlin, Empörung in Bonn: Einen der lautesten Gegner des Umzugs zieht es inzwischen selbst in die Metropole«, berichtete der »Spiegel«. Das Haus von Friedel Drautzburg, der früher mit Ulrich Wickert ein Weinlokal in Bonn betrieb, ist immer überfüllt. Man bleibt gern bei Flammkuchen (ab 8,50 €) und Kölsch. Aber die Chance, Politiker jeder Prägung live zu erleben, ist ziemlich hoch. Das geht in Berlin ziemlich ungezwungen ab.

Oase mit 16 Fontänen – **Café am Engelbecken:** ■ **K 5,** s. S. 64. Cooler, globaler und metropolitaner als an diesem Ort in Kreuzberg geht es nicht.

Typisch Berlin

Zünftiges Brauhaus – **Georgbräu:** ■ **Karte 2, J 4,** Spreeufer 4, Nikolaiviertel, Mitte, Tel. 030 242 42 44, www.georgbraeu.de, U: Klosterstraße, tgl. ab 12 Uhr, s. auch S. 42. Eisbein mit Molle und Korn, Sauerkraut und Erbspüree, Berliner Buletten mit Salat, ein Meter Georg-Pils – das sind zwölf Gläser – zu 18 €: In diesem Lokal mit eigener Brauerei isst man deftig und gut. Der große Sommergarten ist stets voll besetzt, die Bedienung flink und freundlich. Das sollte man auch erwarten, denn der Inhaber Peter Häring war lange leitender Funktionär der Berliner Gastwirte.

In der Wiege Berlins – **Spreeblick:** ■ **Karte 2, K 4,** Propststr. 9, am hl. Georg, Mitte, Tel. 030 242 52 47, www.spreeblick-nikolaiviertel.de, U: Klosterstraße, tgl. ab 11 Uhr, Hauptgerichte zwischen 5 und 12 €, s. auch S. 42. Dort, wo die Wiege Berlins stand (im Jahr 1237 Ersterwähnung), in bester Lage im Nikolaiviertel und mit bestem Blick auf die Spree, hat Udo Pape sein Restaurant und Café. Es bietet 100 Plätze, einen

Die Ständige Vertretung zieht nicht nur die Politprominenz an

großen Wintergarten und typisch deutsche Küche. Auch für Familien- und Betriebsfeiern ist das Lokal sehr gut geeignet.

Ältestes Berlin – **Zur letzten Instanz: ■ Karte 2, K 4,** Waisenstr. 14–16, Mitte, Tel. 030 242 55 28, www.zurletzteninstanz.de, U: Klosterstraße, Mo–Sa 12–1 Uhr, warme Küche bis 23 Uhr, Hauptgerichte 10–19 €. Im Schatten der Kirche liegt Berlins älteste Wirtschaft, 1621 von einem Reitknecht des Großen Kurfürsten als Branntweinstube gegründet. Napoleon war hier, da hatte er gerade Louisiana an die USA verkauft, der französische Präsident Jacques Chirac war dreimal da und verspeiste mit Gerhard Schröder die ›Beleidigungsklage‹ und ›Zeugen-Aussage‹, nämlich Matjes-Tartar, Eisbein mit Sauerkraut und Erbspüree. Das Eisbein ist so groß, dass man es kaum allein verzehren kann, und von der Bedienung lernt man problemlos Berlinern.

Vegetarisch

Vietnamesisch-vegetarisch – **Samâdhi: ■ Karte 2, G 4,** Wilhelmstr. 77, Mitte, Tel. 030 22 48 88 50, www.samadhi-restaurant.de, S/U: Brandenburger Tor, U: Mohrenstraße, tgl. 12–23 Uhr, Hauptgerichte 9,50–12,50 €, Mittagsgerichte Mo–Fr 12–15 Uhr 6,50–8,50 €. Man kann ganz in der Nähe vom Brandenburger Tor gut und überwiegend vegan essen. Vegan, das ist kein Fleisch, kein Fisch, kein tierisches Eiweiß. Umso mehr Miso und Tofu und Kokos und Ingwer und Karamel und asiatische Gewürze.

Friedrichshain für Veggis – **Vöner: ■ östl. M 5,** Boxhagener Str. 56, S: Ostkreuz, www.voener.de, tgl. 12–23 Uhr, 2,50–3,30 €. Den vegetarischen Döner gibt es nur in Friedrichshain. Hierher kommen Veggis aus allen Welten. Holger, der Erfinder des Vöners, braucht jetzt einen zweiten Zirkuswagen, weil den Warteschlagen vor seinen vegetarischen Menüs auf Festivals nicht beizukommen ist. Geschmacklich liegt der Vöner dicht beim Döner, aber er ist rein vegan. Der Wagenburger, ein Getreide-Gemüse-Bratling, ist vegetarisch. Die Pommes werden aus Demeter-Kartoffeln frisch geschnitzt. Holger selbst wohnt weiter in einer Wagenburg – mit Kamin und DSL.

Aus aller Welt

Der klassische Inder – **Amrit: ■ L 6**, Oranienstr. 202, Ecke Skalitzer Straße, Kreuzberg, Tel. 030 612 55 50, www.amrit.de, U: Görlitzer Bahnhof; Zweigstelle Oranienburger Str. 45, Mitte/Spandauer Vorstadt, Tel. 030 28 88 48 40, U: Oranienburger Tor, tgl. 12–1 Uhr, Sa, So open end durchgehende Küche. Die reißen sich hier echt einen ab – mit Erfolg. Super Service, super Küche, Indisch-Vegetarisches, Joghurt-Gewürz-Soßen oder sehr scharf, super Preise in Kreuzberg, etwas gehoben in der Oranienburger Straße.

Anatolische Genüsse – **Hasir: ■ Karte 2, J 3,** S: Hackescher Markt, s. S. 38.

Jenseits von Afrika – **Massai: ■ nördl. K 1**, Lychener Str. 12, Prenzlauer Berg, Tel. 030 48 62 55 95, www.massai-berlin.de, U: Eberswalder Straße, Mo–Do 17–24, Fr–So 16–24 Uhr, Hauptspeisen 9–19 €. Tatsächlich wie bei den Massai. Kochbananen mit einer Spinatart und Erdnusssoße. Dazu Bananen-Bier, das reinhaut, aber auch andere afrikanische Biere.

Einkaufen

Berliner Shopping-Klassiker

Weil Berlin dezentral aufgebaut ist, liegen die Einkaufszentren in unterschiedlichen Bezirken. Im Westen ist das Mekka jedes Kaufrauschs das **KaDeWe** am Wittenbergplatz (s. S. 55, 103). Richtung Gedächtniskirche folgen an der **Tauentzienstraße** Bekleidungs- und Sportkaufhäuser sowie Läden für jeden Schuhtick. Jenseits der Gedächtniskirche versammeln sich in den Seitenstraßen des **Ku'damms** wie Meineke-, Fasanen- und Bleibtreustraße, aber auch Richtung Savignyplatz kleine Boutiquen.

Die **Potsdamer Platz Arkaden** sind eine dreistöckige Mall mit 100 Läden unter einem großen Glasdach: H&M, Benetton, Mango, Esprit, Mexx, Wöhrl, Palmers, Aust. Drumherum Cafés und Bars, eine Aussichtsplattform, der Sony Style Store.

In der **Friedrichstraße** locken die Friedrichstadtpassagen. Zentral liegen die edlen Galeries Lafayette (s. S. 45, 103). Als Gegenpol zur schönen Glitzerwelt der Shoppingmeile gibt es Bücher, Autohäuser und an der Ecke Unter den Linden einen Nivea Lifestyle-Wellness-Laden und Miele Staubsauger.

Mit Potenzial

Erheblichen Bedeutungszuwachs erwarb sich der **Alexanderplatz**. In den großen Elektronikmärkten gibt es Batterien für die Digitalkameras. In der Galeria Kaufhof kann man studieren, wie ein modernes Kaufhaus auszusehen hat: extrem übersichtlich und kundenorientierte Mitarbeiter. Das gute Kaufhaus hat Zukunft. Das Alexa dagegen ist ein klassisches Einkaufszentrum mit den üblichen Ladenketten.

Für Individualisten

In der Spandauer Vorstadt versammeln sich in und um die **Hackeschen Höfe** ausgefallenere Shops. Dort ist alles anders, total individuell, nur ein paar Gastro-Kettenlokale dazwischen, sonst Klamotten, Schuhe und Kunst. Ein großes Spektrum an jungen Berliner Designern, unabhängigen Labels und internationalen Kreativen. Infos zur Berliner Designerszene: www.berlinklamotten.de.

Ein nettes Shopping-Erlebnis bieten auch die kleinen Läden rund um den **Winterfeldtplatz** und die Maaßenstraße in Schöneberg.

Shoppingzentren im Überblick

KaDeWe, Tauentzienstraße, Umgebung Ku'damm: ■ **A–C 6,** U 1, 9: Kurfürstendamm, Uhlandstraße, U/S: Savignyplatz, Bus M49 vom Zoo

Potsdamer Platz Arkaden: ■ **Karte 2, F 5,** U/S: Potsdamer Platz

Friedrichstraße: ■ **Karte 2, H 3–5,** U 2/6: Stadtmitte, Französische Straße

Alexanderplatz: ■ **Karte 2, K 3,** U/S: Alexanderplatz

Hackesche Höfe: ■ **Karte 2, J 3,** S: Hackescher Markt

Winterfeldtplatz/Maaßenstraße: ■ **D 6,** U: Nollendorfplatz.

Antiquitäten

Girl's best friends – **Art 1900: ■ A 6**, Kurfürstendamm 53, Charlottenburg, Tel. 030 881 56 27, www.art1900.de, U: Uhlandstraße, Mo–Fr 10–19, Sa 10–16 Uhr. Spezialist für Jugendstil und Art déco mit riesiger Auswahl an Bildern, Porzellan, Möbeln, Schmuck, Louis-Comfort-Tiffany-Lampen. Überwältigendes Angebot an Juwelen deutscher Goldschmiede aus den 1920er- und 1930er-Jahren.

Schönes altes Berlin – **Berliner Antikmarkt: ■ Karte 2, H 3**, Georgenstr. S-Bahnbögen 203, Mitte, Tel. 030 208 26 55, www.berliner-antikmarkt.de, U/S: Friedrichstraße, Mi–Mo 11–18 Uhr. Vom Bahnhof Friedrichstraße Richtung Hackescher Markt wird die wohl umfangreichste ständige Sammlung an alten Möbeln, Bildern, Nostalgischem und Haushaltswaren der ganzen Stadt angeboten. Viele Berolinensien, Bücher und Schmuck sind bei diesen sechs Händlern zu finden. Man kann in Ruhe stöbern, ohne dauernd ›angequatscht‹ zu werden.

Galerien

Ost.Gut – **Leo.Coppi: ■ H 2**, Auguststr. 83, Mitte, Tel. 030 283 53 31, S: Oranienburger Straße, Di–Sa 12–18 Uhr. Helle Coppi und Doris Leo organisierten im Kunsthandel der DDR die Beziehungen zwischen Ost-Künstlern und dem Westen. Davon sowie von ihrem Engagement profitieren Besucher, die zeitgenössische figurative Kunst suchen, von etablierten ostdeutschen Künstlern der Berliner Schule und der Dresdner Malerei (Übersicht Galerien S. 107 rechts unten).

Klassische Moderne – **Villa Grisebach: ■ B 6**, Fasanenstr. 25, Charlottenburg, Tel. 030 885 91 50, U: Kurfürstendamm, Mo–Fr 10–18.30, Sa 11–16 Uhr. Moderne Kunst seit über 50 Jahren. So präsentierte die Galerie das Œuvre von Heino Naujok, Mitbegründer der Künstlergruppe ›Geflecht‹ im Jahr 1966. Villa Grisebach ist zur erfolgreichsten deutschen Auktionsadresse avanciert, mit weltweit 35 Mitarbeitern. Wer einen großen Nolde (1,65 Mio. €), Liebermann oder Menzel kaufen oder

Berlin Story und Historiale BERLIN MUSEUM

Die **Berlin Story** befasst sich als einzige Buchhandlung weltweit nur mit der eigenen Stadt – Bücher, DVDs, Poster, mehr als 10 000 Artikel. Unter dem gleichen Dach bietet das **BERLIN MUSEUM der Historiale** die beste Information über Berlin – spannend und zeitgemäß. In einer Stunde geht es mit einem Audioguide (in 10 Sprachen) von der Gründung bis heute mit 30 Filmen zu 100 Sekunden, Exponaten, Modellen und Szenen. Schwerpunkte Nationalsozialismus und Mauerzeit, 5/4 €. Im **Berlin Story Verlag** erscheint alle 2 Wochen ein Berlin-Buch, die Historiale wurde zum größten Geschichtsfestival Europas. Der Deutsche Innovationspreis zeichnete das Gesamtprojekt aus für Ideenreichtum, Engagement und das grundlegende Verständnis von Gesellschafts- und Kulturgeschichte, die Berlin Story sei der Schlüssel zur Hauptstadt.
Berlin Story und Historiale BERLIN MUSEUM: ■ Karte 2, G4, Unter den Linden 40, Mitte, Tel. 030 20 45 38 42, www.BerlinStory.de, S: Friedrichstraße, tgl. auch So 10–20 Uhr.

Kunst kaufen: Berliner Galerien

Von etablierten Klassikern bis zu mutigen Avantgardisten reicht das Spektrum der 250 Galerien: Dabei setzen die gut 20 Charlottenburger Galerien rund um den Ku'damm zwischen **Fasanenstraße und Savignyplatz** auf zahlungskräftige Sammler, die Galerien in der **August-, Gips-, Sophien-, Linien- und Dircksenstraße** in Mitte eher auf die junge Szene mit trendigem Geschmack. Das Art Forum Berlin bietet jeweils Ende September/Anfang Oktober Gelegenheit, sich einen Überblick über die Kunst an sich und Investitionsmöglichkeiten im Speziellen zu verschaffen (www.art-forum-berlin.de). Werke von jungen Künstlern, grandios bis genial, hängen in Kreuzkölln in Galerien, Kneipen, Bars oder beim Friseur, s. S. 66.

verkaufen will, kommt um diese Galerie nicht herum.

Delikatessen und Lebensmittel

Schokohauptstadt – **Fassbender & Rausch: ■ Karte 2, H 4**, Am Gendarmenmarkt, Charlottenstr. 60, Mitte, Tel. 030 20 45 84 43, www.fassbender-rausch.de, U: Stadtmitte, Mo–Sa 10–20, So 11–20 Uhr. Eine lange Pralinentheke mit 500 Schokoladeprodukten, von allem das Feinste, dennoch zu Preisen, die es erlauben, Kinder, Freunde und Kollegen damit glücklich zu machen. Wilhelm Rausch kam 1918 nach Berlin und begann, feine Pralinen, Schokolade und Honigkuchen herzustellen. Aus sechs Plantagen, alle in Äquatornähe, kommt der wertvolle Edelkakao. Die Bunte Schokowelt von Ritter Sport ist übrigens nicht weit in der Französischen Straße 24.

Kreuzberg Gourmet – **Marheineke-Markthalle: ■ H 8**, Marheinekeplatz, Kreuzberg, U: Gneisenaustraße, Mo–Fr 8–20, Sa 8–18 Uhr. Die große Halle, die ursprünglich aus dem 19. Jh. stammt, wurde 2007 aufwendig restauriert. Das Warenangebot unterscheidet sich nicht sehr von dem anderer szeniger Märkte, aber Gebäude und Atmosphäre sind etwas Besonderes. Es gibt Antipasti aus Griechenland, Italien und Spanien, gute Weine und Käsespezialitäten für die verwöhnten Kreuzberger Gourmets.

Türkisch knabbern – **Smyrna: ■ K/L 6**, Oranienstr. 27, Kreuzberg, U: Kottbusser Tor, Bus: M29, tgl. 9–2 Uhr. Nüsse, Kichererbsen, Trockenfrüchte, Ingwer, Maulbeeren, Pinienkerne, Feigen und Pistazien, aber auch Kaplama, Karisik, Kavrulmus, Kavurga und Kaysi. Morgens sieht man eher türkische Mütter hier, dann kommen allmählich die jungen Leute aus den Federn, und bis spät in die Nacht sitzen auf den Bänken vor dem farbenfroh beleuchteten Smyrna Türken und Deutsche.

Schönes Schöneberg – **Winterfeldtmarkt: ■ D 7**, Winterfeldtplatz, Schöneberg, U: Nollendorfplatz, Mi 8–14, Sa 8–16 Uhr. Berlins beliebtester Szene-Markt: internationales Angebot, Sehen und Gesehenwerden an über 280 Ständen, an denen es Obst und Gemüse sowie Käse gibt, auch von märkischen Bauern, gleich daneben türkische und arabische Händler, ›selbstgemachtes‹ Kunsthandwerk, Kerzen, Oliven, Antipasti, Klamotten, Schuhe.

Flohmärkte

Boxi live – **Boxhagener Platz: ■ östl. M 5**, sonntäglicher Treffpunkt im Szeneviertel Friedrichshain, s. S. 60.

Babel-Basar – **Flohmarkt am Mauerpark: ■ nördl. J 1**, Bernauer Str., Ecke Schwedter Straße, Prenzlauer Berg, U: Eberswalder Straße, So 8–18 Uhr. Ein internationaler Flohmarkt junger Leute mit 500 Ständen aus Friedrichshain und Prenzlauer Berg, Italien, Spanien, den USA und der Ukraine. Karaoke am Sonntagmittag; man kommt leicht ins Gespräch und fühlt sich hip. Der Flohmarkt kommt als Sight bei jungen Touristen (bis zu 30 000 Besuchern am Sonntag) gleich nach dem Brandenburger Tor. Schön sind auch die umliegenden Cafés zum Latte-Macchiato-Schlürfen und Sonnetanken.

Klassische Vielfalt – **Straße des 17. Juni: ■ B–C 4**, Am Tiergarten, U: Ernst-Reuter-Platz, S: Tiergarten, Sa, So 10–17 Uhr. Der professionellste und schönste, aber auch nicht so billige Flohmarkt Berlins. Er kann eine Fundgrube für Berolinensien und hervorragende Antiquitäten wie auch Kunst sein.

Geschenke, Souvenirs, Design

Wie beim Alten Fritz – **Königliche Porzellan-Manufaktur: ■ B/C 4**, Wegelystr. 1, Charlottenburg, www.kpm-berlin.de, S: Tiergarten, Mo–Sa 10–18 Uhr, Führungen jeden Sa um 15 Uhr, 10/5 €. Ob ein Service oder ein edles Einzelteil – alles ist seit 1763 auf Kabinettsorder von Friedrich II. hin mit dem Zepter aus dem Wappen des Erzkämmerers der Mark Brandenburg in Bleu mourant gezeichnet. Für Georg Friedrich Prinz von Preußen, dem heutigen Chef des Hauses Hohenzollern, wurde ein Frühstücksservice mit Müslischale entworfen. Bill Gates hat in den vergangenen Jahren mehrere Tausend Teile geordert, jeweils mit seinem Monogramm versehen. KPM, sagen die Experten, zeichne sich durch klare Formen aus. Makellose Glasur, klares Design, einfach nur Schönheit.

Design-Meile – **Stilwerk: ■ B 5**, Kantstr. 17, Ecke Uhlandstraße, www.stilwerk.de, U: Uhlandstraße, Bus M49, Mo–Sa 10–19 Uhr. Über 50 Geschäfte auf 19 000 m^2 und fünf Etagen – Einrichtung und Design fürs schöner Wohnen und Leben.

Kaufhäuser

Kaufglück – **KaDeWe: ■ C 6**, Tauentzienstr. 21–24, www.kadewe.de, U: Wittenbergplatz, Mo–Do 10–20, Fr 10–21, Sa 9.30–20 Uhr. Das berühmteste Kaufhaus Deutschlands, schick und edel geht es hier zu. Vom knöchellangen Morgenmantel über zarteste Dessous bis zu aphrodisierenden Austern findet man tatsächlich alles, s. S. 55.

Austern für alle – **Galeries Lafayette: ■ Karte 2, H 4**, Friedrichstr. 76–78, www.galerieslafayette.de, U: Stadtmitte, Mo–Sa 10–20 Uhr. Art de vivre, französische Mode und sehr gute Lebensmittel- und Bistroabteilung (Baguettes immer, Austern manchmal), s. S. 45.

Mode und Accessoires

Trendy über der Schulter – **BagAge: ■ J 8**, Bergmannstr. 13, Kreuzberg, U: Gneisenaustraße, Mo–Fr 11–20, Sa 10–17 Uhr. Hier werden trendige Taschen jeder Art angeboten: DJ-Taschen, recycelte Lkw-Taschen, Fahrradtaschen – das volle Berliner Programm.

Roaring Twenties maßgeschneidert – **Charming Styles:** ■ **Karte 2, H 2/3**, Oranienburger Str. 27, Mitte, Tel. 030 91 20 88 28, www.charmingstyles.de, S: Oranienburger Straße, U: Oranienburger Tor, Di–Fr 13–18, Sa 11–16 Uhr. Andrea Kiersch und ihr Team fertigen als Maßatelier Damen- und Herrenmode der Swing-Ära. 1920er-Jahre-Ausstattung braucht man für die beliebten Partys. Im Atelier wird man besichtigt, beraten, vermessen, kommt zu einer Zwischenanprobe und erkennt sich danach kaum wieder. Andrea organisiert auch historische Modeschauen und Tanzveranstaltungen – ein eigener Kosmos mit Tanzorchestern, DJs und Salons.

Mehr als Mode – **Glücklich am Park:** ■ **J 1**, Kastanienallee 54, Prenzlauer Berg, Tel. 030 41 72 56 51, www.kaufdichgluecklich.de, U: Rosenthaler Platz tgl. 11–21 Uhr, Café länger. Krimskams, Mode, Waffeln und Eis (und zwar 60 Sorten, auch vegan), Sofas, Schuhe. Die Mode kommt von kleineren Labeln aus Skandinavien und aus Berlin.

Prada preiswert – **Macy'z:** ■ **A 6**, Mommsenstr. 2, Charlottenburg, U: Uhlandstraße, S: Savignyplatz, Bus M19, M29, Mo–Fr 12–19, Sa 12–16 Uhr. Theresia Wirtz hat diesen Laden, den ersten für hochwertige Secondhand-Klamotten, schon 1985 gegründet. Armani, Jil Sander, Gaultier, Gucci, Prada, Issey Miyake sind hervorragend gepflegt. Auf Messen und Modeschauen hatte sie Frauen mit überzähligen Klamotten und dem Wunsch nach etwas Cash kennengelernt. Agenda Setting war das, denn heute gibt es in der Mommsenstraße weitere hochklassige Secondhandläden: **Ariane** (Nr. 4), **Caro** (Nr. 65), **Bibab** (Nr. 62), **Seconda** (Nr. 61) und **Madonna** (Nr. 57).

Partyklamotten – **Made in Berlin:** ■ **J 2**, Neue Schönhauser Str. 19, Mitte, U: Weinmeisterstraße, Mo–Sa 12–20 Uhr. Crème de la Crème aus zweiter Hand auf zwei Etagen. Zwischen 12 und 15 Uhr ist Happy Hour mit 20 % Rabatt. Zum Einkleiden für Partys und Kostümfeste die beste Adresse.

Mädchenträume – **Milkberlin:** ■ **J 2**, Almstadtstr. 5, Mitte, www.milkberlin.com, U: Weinmeisterstraße, Mo–Fr 13–19, Sa 13–18 Uhr. Farbenfrohe Umhängetaschen, handgemacht, das Design geht in Richtung Pop-Art.

Rokoko heute – **Sterling Gold:** ■ **H 2**, Oranienburger Str. 32, Heckmann-Höfe, Mitte, www.sterlinggold.de, S: Ora-

Einfach mal abhängen – Shoefiti

Da schlendert man einkaufend durch die Straßen und sieht auf einmal ein paar zusammengebundene Schuhe, die über einem Ampelmast hängen. Oder an einer Telefonleitung. Oder es kann auch, wie an der Prenzlauer Allee/Ecke Sredzikistraße ein ganzer Baum voller Schuhe sein. Was hat dieses merkwürdige Phänomen zu bedeuten? In Amerika sollen damit Drogengebiete markiert sein, in Schottland sollen junge Männer damit bekannt geben, dass sie ihre erste Nacht hatten – aber in Berlin ist Shoefiti reine Kunst im öffentlichen Raum, Volkskunst, nicht subventioniert.

Solide Verarbeitung und schönes Design sind typisch für das Berliner Schuhlabel Trippen

nienburger Straße, Mo–Fr 12–20, Sa 12–18 Uhr. Erstklassige Mode der zweiten Art ist die Devise des von Michael Boenke gegründeten Ladens, der auf 240 m² glamouröse Originalmode der 1940er- bis 1980er-Jahre anbietet. Es duftet nach Rosen, der hohe Raum ist in Rokokogold gehalten, Kronleuchter spenden wundervollen Glanz. Cocktail-, Dinner-, Abendkleider und Roben hängen nach Farben und Größen geordnet. Samt und Seide, Spitze und Tüll werden gleich von einer Schneiderin aufgepeppt. Gern erzählt Boenke, Enkel eines Berliner Schneiders, wie er in den USA anfing, für eine armenische Familie Altkleider zu sammeln, die dann in Trendläden verkauft wurden.

Berliner Schuhe weltweit – **Trippen:** ■ **Karte 2, J 3,** Hackesche Höfe 4 & 6 (s. S. 38), und **J 2,** Alte Schönhauser Str. 45, Mitte, U: Weinmeisterstraße, Mo–Fr 11–20, Sa 10–20 Uhr. Das Berliner Schuhlabel verbindet solide Handwerkskunst mit gehobenem Design, Neuentwicklungen findet man in der Alten Schönhauser Straße.

Schmuck

Buntmetallkäfer – **Schmuck Fritz:** ■ **K 6**, Dresdener Str. 20, Kreuzberg, www.schmuckfritz.de, Bus M29: Oranienplatz, U: Kottbusser Tor, Mo–Fr 10–19, Sa 11–16 Uhr. Im Laden wird von morgens bis abends entworfen, gedreht, geschmiedet. Es entstand ein Kommunikations- und Schulungszentrum in Sachen zeitgemäßer Schmuck mit edlen Materialien in extravaganten Formen – zwischen Buch- und Bioladen.

Eyecatcher – **Tukadu:** ■ **J 3**, Rosenthaler Str. 46/47, Mitte, Tel. 030 283 67 70, www.tukadu.de, S: Hackescher Markt, U: Weinmeisterstraße, Mo–Sa 11–20 Uhr. Eine kleine, bezaubernde Welt voller außergewöhnlicher und farbenfroher Utensilien – von kitschigen Engeln bis hin zu knallroten Plastikerdbeeren. Die Perlen aus Glas, Keramik, Acryl, Holz, Horn, Metall, Swarovski-Strass und anderen Materialien lassen einen selbst zum kreativen Designer werden.

Ausgehen – abends und nachts

Jedes Viertel hat seine Szene, oft mit mehreren Dutzend Cafés, Restaurants und Kneipen nahe beieinander. Das gilt für die alten Westberliner Ausgehviertel ebenso wie für Mitte, Friedrichshain oder Prenzlauer Berg, in denen sich ein reges Nachtleben entwickelt hat. Auch in dieser Hinsicht finden Besucher keine Unterschiede mehr zwischen Ost und West.

City West

Rund um den **Savignyplatz** (www.charlottenburg.de) liegt das traditionelle Westberliner Ausgehviertel mit vielen Restaurants, auch in der Carmer- und Knesebeckstraße. Von Touristen immer stärker frequentiert sind die Lokale um den **Winterfeldtplatz** in Schöneberg, wo sich abends eine Tour durch indische und arabische Imbissläden empfiehlt. Im **Hotelviertel,** in der Bar am Lützowplatz und Harry's New York Bar (Hotel Esplanade), findet man nach Mitternacht kaum noch einen Hocker, aber umso eher Kontakt.

Kreuzberger Nächte …

Ein Fall für sich ist Kreuzberg: Am **Kottbusser und Schlesischen Tor** konzentrieren sich türkische Restaurants – und inzwischen auch indische. Das Klischee der Kreuzberger Szene wird selbst an der Ecke Oranien-/Mariannenstraße nicht mehr bedient. Wohin sind die Punks und Autonomen verschwunden? Sie sind im Verdrängungswettbewerb die Unterlegenen. Die Cafés am Paul-Lincke-Ufer bilden den Übergang zum etablierteren Kreuzberg. Dort trifft sich die akademische Welt in der **Yorck-, Bergmann-, Kreuzberg- und Großbeerenstraße,** vom Mehringdamm bis zum Marheinekeplatz. Ganz Kreuzberg, eine Zeitlang etwas aus dem Blickfeld geraten, erlebt eine Renaissance der Ausgehszene, aber auch eine Erhöhung der Immobilienpreise.

Die Szene im Osten

Ab hier geht es richtig los: Für lange Nächte ist die **Oranienburger Straße** angesagt, wo es zwischen dem Kilkenny Pub am Hackeschen Markt, der Synagoge und dem ehemaligen Kulturzentrum Tacheles ausgelassen zugeht.

Ein Höhepunkt Ost ist **Prenzlauer Berg:** In den Restaurants am Kollwitzplatz, auch in der Husemann- und Sredzkistraße sowie am Helmholtzplatz ist die Nacht ruhiger als in den Kneipen am Wasserturm, wo die Touristen die einheimische Szene fast verdrängt haben. Die **Kastanienallee,** im Volksmund ›Castingallee‹, ist mit Mode, Kneipen, Galerien, Theatern absolut hip, jung, kreativ, international – Tag und Nacht.

Wer ›Prenzelberg‹ zu arriviert findet, sollte sich aufmachen nach Friedrichshain (www.boxhagenerplatz.de), wo es in der **Simon-Dach-Straße** die knackigsten Studenten und die attraktivsten Bedienungen gibt.

Find your club!

Eine typische Berliner Einrichtung sind die Clubs: eine Mischung aus Bar, Club, Disco, Lounge, alles in einem oder mit hausspezifischen Schwerpunktsetzungen, auch die Musikrichtung betreffend. Find your club: Schnelle, klare und werbefreie Übersicht über die Clubs mit allen Daten wie Musikrichtung und Öffnungszeiten und den Links zu den einzelnen Clubs unter **www.clubguideberlin.de** sowie mit Veranstaltungsplan unter **www.clubcommission.de.**

Konzerte

Die Klassik boomt: Mit den Philharmonikern, dem Deutschen Symphonie-Orchester und dem Konzerthausorchester hat Berlin Orchester der Spitzenklasse, insgesamt acht große Symphonieorchester und zahlreiche Ensembles. Das Internetportal mit allem zur Klassik in Berlin ist **www.klassik-in-berlin.de.**

Off-Theater

Off-Bühnen, oft kleine Theater, aber auf hohem künstlerischem Niveau, machen das Salz der Berliner Kultursuppe aus Viele gute Schauspieler zieht es nach Berlin. Deswegen ist die aktuelle Auswahlmöglichkeit jederzeit groß. Auch die Theater boomen mit 10 % höherem Ticketverkauf als im Vorjahr.

Veranstaltungsorte

Die **02-World Arena** (■ **östl. M 5**, www. o2world.de) ist Berlins neue Multifunktionsarena für Sport-, Event- und Kulturveranstaltungen. Das **Haus der Berliner Festspiele** (■ **B 6–7**, www. berlinerfestspiele.de) kommt bei Musicals, Theater und Festwochen zum Einsatz, das **Haus der Kulturen der Welt** (■ **E 3**, s. S. 48) vor allem bei außereuropäischen Kulturevents und das **Tempodrom** (■ **G 6**, www.tempodrom.de) bei Events jeder Art. Beachtenswert sind die Veranstaltungen in der **Kulturbrauerei** in Prenzlauer Berg (s. S. 113).

Programmübersichten und Kartenvorverkauf

Neben den Stadtmagazinen (s. S. 17) gibt es gute Internetseiten zum aktuellen Unterhaltungsprogramm in Berlin.

www.berlin-programm.de: Die besten aktuellen Infos zu Kultur und Unterhaltung liefert das »Berlin Programm«, für 2 € ist es auch gedruckt zu kaufen, jeweils ab dem 15. des Vormonats.

www.berlin-buehnen.de: Überblick über das Programm vieler Theater.

www.berlinerfestspiele.de: Infos zum Programm der Berliner Festspiele.

www.hekticket.de: für ausgewählte Veranstaltungen Online-Bestellung von Karten, ohne Kurzbeschreibungen. Verbilligte Last-Minute-Tickets für den Abend. Abholung der online bestellten Karten ist nur bei Barzahlung möglich: am Alex, Karl-Liebknecht-Str. 13, Kiosk am Berlin Carré, Tel. 030 24 31 24 31, Mo–Sa 12–20 Uhr, So geschl.

www.berlin.de/kultur-und-tickets: Die Seite zeigt, was am Abend passiert; Datum und Sparte eingeben.

www.berlinien.de: Das beste Kinoprogramm für Berlin. Außerdem Infos zu Konzerten, Theater und Partys.

www.arsenal-berlin.de: Die Website zum Kino Arsenal (s. S. 111).

www.indexberlin.de: Die Seite für alle Ausstellungen und Galerien. Mit einem Flyer als PDF zum Herunterladen, mit den Terminen der neuesten Eröffnungen.

www.berlinatnight.de: Unter ›Locations‹ und auf der Berlinkarte kann man nach Bars in der Nachbarschaft suchen.

Bars und Kneipen

Klassisch cool – **Bar am Lützowplatz: ■ D 6**, Lützowplatz 7, Tiergarten, Tel. 030 262 68 07, www.baramluetzowplatz.com, U: Nollendorfplatz, Bus: 100, tgl. ab 18 Uhr. Sie steht hier nicht nur an erster Stelle, sie ist mit den professionellen und freundlichen Keepern und der langen Theke tatsächlich absolut Spitze. Nirgends mundet der Planters Punch besser. Berliner Publikum.

Nie allein – **Harry's New York Bar: ■ D 5**, Lützowufer 15 (Hotel Esplanade), Schöneberg, Tel. 030 254 78 0, www.esplanade.de, Bus: 100, Mo–Do 16–2, Fr, Sa 18–3, warme Küche bis 24 Uhr. Berlins wahrscheinlich ›kontaktfreudigste‹ Bar, besonders zu Zeiten von Messen, Kongressen und Festspielen. Vom Playboy-Magazin wurde Harry's einst zur Bar des Jahres gekürt.

British Havanna – **La Casa del Habano: ■ B 5**, Fasanenstr. 9 (Hotel Savoy), Charlottenburg, Tel. 030 311 03-0, www.hotel-savoy.com, U: Kurfürstendamm, Mo–Sa ab 11 Uhr bis spät. Im Stil einer britischen Bibliothek, gemütliches, intellektuelles Ambiente. Alle Havanas in zweigeschossigem Humidor.

Stimmungsmächtig – **Newton Bar: ■ Karte 2, H 4**, Charlottenstr. 57, Mitte, Tel. 030 20 29 54 21, www.newton-bar.de, U: Stadtmitte, So–Mi 10–3, Do–So 10–4 Uhr. Perfekt komponierte Cocktails für Jungvolk und Sugar Daddys in der vom Berliner Architekten Hans Kollhoff aus edlen Materialien entworfenen Bar, in der es laut hergeht.

Ruhig genießen – **Windhorst: ■ G 3**, Dorotheenstr. 65, Mitte, Tel. 030 20 45 00 70, S/U: Friedrichstraße, Mo–Fr ab 18, Sa ab 21 Uhr. Günter Windhorst ist ein klassischer, entspannter Barkeeper,

Berliner Strandbars

Party ganztags in sandigen Strandbars an Spree und Kanälen: Strandbar Mitte und der Oststrand sind Neuschöpfungen von dem, was früher Biergärten am Wasser waren, durch menschliche Willenskraft und 120 oder mehr Tonnen feinkörnig-weißen märkischen Sandes geschaffen. Liegestühle, Strandkörbe, Sonnenschirme stehen hier, es gibt Erfrischungsgetränke, Cocktails, Bier und Kleinigkeiten gegen das Verhungern.

Strandbar Mitte: ■ Karte 2, H 3, Monbijoustr. 3, Tel. 030 28 38 55 88, www.strandbar-mitte.de, U: Oranienburger Tor, S: Oranienburger Straße.

Capital Beach: ■ Karte 2, F 3, Ludwig-Erhard-Ufer, am Hauptbahnhof, Tel. 0163 565 41 22, www.capital-beach.eu, U/S: Hauptbahnhof.

Badeschiff an der Arena: ■ östl. M 6, Eichenstr. 4, Tel. 030 533 20 30, www.arena-berlin.de, U: Schlesisches Tor, S: Treptower Park, Bus: 265.

Freischwimmer: ■ östl. M 6, Vor dem Schlesischen Tor 2a, Tel. 030 61 07 43 09, www.freischwimmer-berlin.de, U: Schlesisches Tor.

Oststrand: ■ M 5, Mühlenstr. 24–26, Tel. 030 28 38 55 88, www.oststrand.de, S: Warschauer Straße.

Strandgut: ■ M 5, Mühlenstr. 61–63, Tel. 030 48 49 56 61, www.strandgut-berlin.com, S/U: Warschauer Straße.

›Freischwimmer‹ in Kreuzberg – an lauen Sommerabenden zieht es die Berliner ans Wasser

bei ihm kann man als Paar oder in kleiner Gruppe angenehm sitzen und in Ruhe genießen.

Clubs

Kollektiver Rausch – **Berghain:** ■ **östl. M 5**, Rüdersdorfer Str. 70, Am Wriezener Bahnhof, Friedrichshain, Tel 030 29 36 02 10, www.berghain.de, S: Ostbahnhof, Sa ab Mitternacht bis So Abend durchgehend, im Sommer auch So ab 12 Uhr im Garten, Programm meist Do, Fr, Sa, s. Website. Das 2004 gegründete Berghain ist in einem ehemaligen Heizkraftwerk untergekommen, der Name wurde aus den Endsilben von Kreuzberg und Friedrichshain abgeleitet. 2009 wurde das Berghain zum besten Techno-Club der Welt gekürt. Er ist weithin bekannt, weil hier Rausch und Hemmungslosigkeit und Ekstase an jedem Wochenende Triumphe feiern. Wenn die Nacht und das Verlangen fortschreiten: Es gibt auch Darkrooms, dunkle Gänge und Kabinen. Auf der Unisextoilette mit vorgelagerter Bar treffen sich Frauen und Männer – letztere bleiben auch gern unter sich. In der Panoramabar geht es eher hetero zu.

Bis in die Puppen – **Cookies:** ■ **Karte 2, H 4**, im Hotel Westin Grand, Eingang Friedrichstraße/Unter den Linden (nur zu erkennen, wenn geöffnet), Tel. 030 27 49 29 40, www.cookies.ch, S/U: Friedrichstraße, nur Di, Do, So 24–6 Uhr. Für Besucher empfiehlt es sich, früh zu kommen, solange die Türsteher den angesagten Club noch füllen müssen.

Nastrovje – **Kaffee Burger:** ■ **J 2**, Torstr. 60, Mitte, Tel. 030 28 04 64 95, www.kaffeeburger.de, U: Rosenthaler Platz, Mo–Do ab 20, Fr, Sa ab 21/22, So ab 19 Uhr. Der Ort, an dem Wladimir Kaminer liest und auflegt, die Russendisco. Daneben liegt der ›Klub der polnischen Versager‹.

Das WaterGate ist ein Club mit allerbesten Aussichten

Abenteuerspielplatz – **Kater Holzig:** ■ **L 5,** Michaelkirchstraße 23 am Bretterzaun durch ein Tor, dann den Sandweg entlang, Mitte, S/U: Jannowitzbrücke, U: Heinrich-Heine Straße, Tel. 030 51 05 21 34, www.katerholzig.de, fast tgl. Kater Holzig ist ein Komplex mit Club, Konzerten, Kino, hochklassigem Restaurant in Ruinen-Ambiente, Lagerfeuer, Piraten-Grotte, Theater, Sauna mit Massage, Pizza-Hütte. Möglich wird das alles, weil die Gebäude und die parkähnliche Landschaft direkt an der Spree zwischengenutzt werden können.

Grandioser Weitblick – **Weekend Club:** ■ **K 3**, Am Alexanderplatz 5, Mitte, Tel. 030 24 63 16 76, www.week-end-berlin.de, S/U: Alexanderplatz, Do–So ab 24 Uhr. Junges Publikum tanzt dicht gedrängt im 12. und 15. Stock eines sonst weitgehend leerstehenden Hauses mit Blick über Berlin von der Dachterrasse aus. House, Deephouse, Techno, Electro.

Am Ufer chillen – **ADS-Club:** ■ **L 5**, an der Schillingbrücke, Stralauer Platz 34, am Ufer Richtung Ostbahnhof/East Side Gallery laufen, die Tür ist auf der Uferseite; Friedrichshain, Tel. 030 21 23 81 90, www.club-ads.de, S: Ostbahnhof, U: Jannowitzbrücke, Mo–Do ab 20, am Wochenende ab 23 Uhr. Erste Off-Location, Stars wie Dorfmeister, Live-Acts, Chill-out. Zum Maria gehört jetzt auch der kleine Club Josef, www.club-josef. de, in dem besondere Veranstaltungen stattfinden.

Hart und zart – **Sage:** ■ **K 5**, Köpenicker Str. 76, Mitte, Tel. 030 278 98 30, www.sage-club.de, U: Heinrich-Heine-Straße, Do–So 22/23/24 mit zehn Areas. Do Rock at Sage. Bei KitKat Fr, Sa ab 23 Uhr geht es mit House, Techno und Trance in Fetischklamotten um direkte körperliche Annäherung.

Liegewiesen – **Spindler & Klatt:** ■ **M 5**, Köpenicker Str. 16–17, Kreuzberg,

Tel. 030 319 88 18 60, www.spindlerklatt.com, U: Schlesisches Tor, Restaurant tgl. ab 20, Clubbing Fr, Sa ab 23 Uhr. An der Spree, auf gut 1000 m² der ehemaligen preußischen Heeresbäckerei, hat sich diese Clubform etabliert. Hauptspeisen für 15 €, serviert wird am Tisch oder am Bett, einer Art Lümmelwiese. Die Musik dreht im Laufe des Abends allmählich auf.

Kraftwerk – **Tresor:** ■ **K 5**, Köpenicker Str. 70, Mitte, www.tresorberlin.de, U: Heinrich-Heine-Straße, Mi (gelegentlich Do), Fr–Sa ab 23 Uhr. House in allen Spielarten im Batterieraum und im Tresor. Dazu Kunstausstellungen und Lichtinstallationen.

Am Oberbaum – **WaterGate:** ■ **östl. M 6**, Falckensteinstr. 49, Kreuzberg, www.water-gate.de, U: Schlesisches Tor, Do–Sa ab 23 Uhr. Es gibt House, Minimal und Electro. Der Club liegt direkt am Wasser, mit Blick auf die Oberbaumbrücke.

Konzerte und Oper

Weltweit – **Deutsche Oper:** ■ **westl. A 4**, Bismarckstr. 35, Charlottenburg, Tel. 030 343 84 01, www.deutscheoperberlin.de, U: Deutsche Oper, Karten: Mo–Sa 11 Uhr bis Veranstaltungsbeginn, So 10–14 Uhr, Abendkasse 1 Std. vor Beginn. Internationale Stars treten in Berlins größtem und Europas modernstem Musiktheater auf.

Experimentell – **Komische Oper:** ■ **Karte 2, G 4**, Behrenstr. 55–57, Mitte, Kartenservice: Tel. 030 47 99 74 00 oder 01 80 530 41 68, www.komische-oper-berlin.de, U: Französische Straße, Bus: 100, Kasse: Unter den Linden 41, Mo–Sa 11–19, So 13–16 Uhr, Last-Minute an der Kasse ab ca. 1 Std. vor Vorstellungsbeginn. 1947 gegründet und das kleinste der drei Berliner Opernhäuser. Alle Opern in deutscher Sprache.

Echt off – **Neuköllner Oper:** ■ **östl. M 8**, Karl-Marx-Str. 131–133, Neukölln, Tel. 030 68 89 07 77, www.neukoellneroper.de, U: Karl-Marx-Straße, Bus: 104, Kasse Di–Fr und an Spieltagen 15–19 Uhr. Eine Besonderheit Berlins sind die ›Off-Opern‹. Die kreative Truppe gräbt Altes aus, entwickelt neue Musicals und wagt sich an Tabus heran. Opernfreunde sollten sich diese Chance nicht entgehen lassen. Benachbarte Spielstätte freier Bühnen (Oper, Schau-

Kino am Potsdamer Platz

Für Cineasten ist der Potsdamer Platz die wichtigste Adresse in Berlin: Hier finden die Filmfestspiele statt, im Sony Center gibt es neben dem Filmmuseum gleich zwei wichtige Kinos, und das hier gelegene Arsenal gilt unter Cineasten als das beste Kino Berlins, das Event Cinema mit einer 300-m²-Leinwand ist das größte.

Arsenal: ■ **Karte 2, F 5**, Potsdamer Str. 2, Tel. 030 26 95 51 00. Zeigt Raritäten und Filme, die man sonst nirgends zu sehen bekommt.

CinemaxX: ■ **Karte 2, F 5**, Sony Center, Tel. 030 25 92 21 11. 19 Kinos für zusammen 3500 Besucher, Filmgenuss für alle.

CineStar: ■ **Karte 2, F 5**, Sony Center, Tel. 030 26 06 64 00. Hier werden Filme in Originalversion gespielt, zum Teil mit Untertiteln.

spiel, Konzerte) ist der Heimathafen Neukölln, Karl-Marx-Str. 141, www.heimathafen-neukoelln.de.

Spitzenstars – **Philharmonie:** ■ **F 5**, Herbert-von-Karajan-Str. 1, Tiergarten, Karten: Tel. 030 25 48 89 99 (nur mit Kreditkarte, tgl. 9–18 Uhr), www.berliner-philharmoniker.de, U/S: Potsdamer Platz, Bus: M29, 200, M41. Die Heimat der Berliner Philharmoniker, Karten vorbestellen. Die Akustik ist unübertroffen, auch im Kammermusiksaal.

Vorübergehend verlegt – **Staatsoper Unter den Linden:** Bis auf Weiteres Renovierung, Ausweichspielstätte Schillertheater: ■ **A 4**, Theaterkasse im Foyer des Schillertheaters, Bismarckstr. 110, Charlottenburg, Tel. 030 20 35 45 55, tgl. 12–19 Uhr, www.staatsoper-berlin.de, online-Bestellmöglichkeit, U: Ernst-Reuter-Platz. Erst ab 2015 wieder Unter den Linden 7, Mitte. Berlins Vorzeigeoper, zur DDR-Zeit im Stil von Friedrich dem Großen wieder aufgebaut. Jede Opernkarte in Berlin ist mit 248 € subventioniert.

Livemusik

Jazztempel – **A Trane Jazzclub:** ■ **A 5**, Bleibtreustr. 1, Ecke Pestalozzistr., Charlottenburg, Tel. 030 313 25 50, www.a-trane.de, S: Savignyplatz, tgl. Konzerte ab 21 Uhr, Fr, Sa open end. Modern Jazz, Bepop und Avantgarde, auch Groove-Jazz oder Zigeuner-Swing mit Einflüssen aus Rajasthan und Berliner Pianisten mit Improvisationen.

Vielfalter – **B-flat:** ■ **J 2**, Rosenthaler Str. 13, Mitte, Tel. 030 283 31 23, www.b-flat-berlin.de, S/U: Hackescher Markt, So–Do ab 20, Fr, Sa ab 21 Uhr. Jazz live querbeet, direkt neben dem Szene-Griechen Skales. Fast an jedem Tag ein Livekonzert, ohne stilistische Ausrichtung, vielfältig, lebendig.

Legendär – **Quasimodo:** ■ **B 5**, Kantstr. 12a, Charlottenburg, Tel. 030 31 80 45 60, www.quasimodo.de, U/S: Zoologischer Garten, Di–Sa ab 21 Uhr. Der Jazz-Keller unter dem Kino Delphi. Jazz, Blues, Folk, Funk, Rock, Musik live ab 22 Uhr. Das Quasimodo ist einer der renommiertesten Live-Clubs in Europa.

Einzigartig – **Waldbühne:** ■ **westl. A 4**, Nähe Olympiastadion, Glockenturmstr. 1, Tel. 01805 570 07 00, www.waldbuehne-berlin.de, S: Pichelsberg, S: Olympiastadion. Barenboim, Max Raabe oder die Philharmoniker – alle spielen gern auf der schönsten Freilichtbühne Europas.

Kabarett, Musical, Shows

Alles gespiegelt – **Bar jeder Vernunft:** ■ **B 6–7**, Schaperstr. 24, Wilmersdorf, Theaterzelt hinter dem Parkplatz neben dem Haus der Berliner Festspiele, Tel. 030 883 15 82, www.bar-jeder-vernunft.de, U: Kurfürstendamm oder Spichernstraße, Kasse Mo–Sa 12–18.30, So 15–17.30 Uhr, Abendkasse ab 18.30 bzw 17.30 Uhr. Schrilles, Schräges, Kunstvolles aus Berlin und aller Welt: Meret Becker, Max Raabe, Georgette Dee und Ursli Pfister gastieren hier. Man sitzt an Tischen im Parkett oder in den Separees des Spiegelzelts, kann essen oder trinken und amüsiert sich köstlich.

Klamauk & Impro – **Chamäleon:** ■ **J 3**, In den Hackeschen Höfen, Mitte, Tel. 030 40 00 59 30, Kartenkasse Mo–Fr 10.30–21, Sa 10.30–22, So 12–19

Ungewöhnliche Architektur, beste Akustik – die Berliner Philharmonie

Uhr, Tel. 030 40 00 59 0, www.chamaeleon-variete.de, S: Hackescher Markt. Klamauk und Klamotte, Spiel- und Lebensfreude, unkompliziert, improvisierend und selbstironisch.

Besser als Las Vegas – **Friedrichstadtpalast:** ■ **H 3**, Friedrichstr. 107, Mitte, Tel. 030 23 26 23 26, www.friedrichstadtpalast.de, U/S: Friedrichstraße, tel. Bestellung: Mo–Sa 9–20, So 10–18 Uhr. Manche meinen, die Unterhaltungsshow sei Kitsch. Die längste Girls-Reihe der Welt mit 64 Beinen ist aber einfach sensationell. Gleiches gilt, wenn Gondeln über den Zuschauerraum schweben oder sich ein riesiger Pool aus der Unterbühne hebt.

Wildester Quatsch – **Quatsch Comedy Club:** ■ **H 3**, Friedrichstr. 107, Mitte, Tel. 0180 59 69 00 09 69, www.quatsch-comedy-club.de, U/S: Friedrichstraße, Kasse: Mo–Sa 8–20, So 10–20 Uhr. Thomas Hermanns und seine Freunde zeigen in der ›nationalen deutschen Humorzentrale‹ Stegreifkomik dort, wo früher in der Kleinen Revue des Friedrichstadtpalastes getanzt wurde.

Das Comedy-Original – **Scheinbar:** ■ **F 8**, Monumentenstr. 9, Schöneberg, Tel. 030 784 55 39, www.scheinbar.de, U: Kleistpark, S: Julius-Leber-Brücke, Mi–Sa 20.30 Uhr. Da man erst zu Be-

Ein buntes Programm aus Konzerten, Events und Partys, dazu mehrere Restaurants, gutes Kino und gelegentlich Märkte – dafür steht die stadtbekannte Kulturbrauerei in Prenzlauer Berg. Sie ist recyceltes Industriezeitalter: die Backsteingebäude sind ein Industriedenkmal vom Ende des 19. Jh.
Kulturbrauerei: ■ **nördl. K 1**, Schönhauser Allee 36–39/Danziger Straße, Prenzlauer Berg, Tel. 030 44 31 51 51, www.kulturbrauerei.de, U: Eberswalder Straße, Tram: 12, M1, M10.

ginn der Vorstellung weiß, wer in diesem improvisierten Kabarett auftritt, kann es entweder ein echtes Highlight werden – oder aber ein Flop.

Entertainment pur – **Theater am Potsdamer Platz: ■ F 5**, Marlene-Dietrich-Platz 4, Mitte, Karten: Tel. 0180 5-44 44 oder www.stage-entertainment.de, ab 39 €, S/U: Potsdamer Platz. Musicals hoher Qualität auf großer Bühne, wie Blue Man Group und Hinterm Horizont (Udo Lindenberg), Letzteres ein erstklassiges Geschichts-Musical zur Zeit der Mauer und zu ihrem Fall.

Wie in den Zwanzigern – **Wintergarten Varieté: ■ E 6**, Potsdamer Str. 96, Schöneberg, tel. Kartenservice: 030 58 84 33, www.wintergarten-variete.de, U: Kurfürstenstraße, Bus M48. Anknüpfend an die Tradition der 1920er-Jahre führt im Wintergarten ein Conférencier durch das Programm mit Akrobatik, Zauberei, Musik und Tanz (Sa um 22 Uhr Programm). Hochprofessionell und mit internationalen Stars.

Theater

Höchste Auslastung – **Berliner Ensemble: ■ G 3**, Bertolt-Brecht-Platz 1, Mitte, Tel. 030 28 40 81 55, www.berliner-ensemble.de, U/S: Friedrichstraße, Karten Mo–Fr 8–18, Sa, So, Fei 11–18 Uhr. Das 1892 im Stil des wilhelminischen Barock fertiggestellte Theater, das bereits Bertolt Brecht und Helene Weigel leiteten, wurde nach seiner Renovierung unter der Intendanz von Claus Peymann wiedereröffnet.

Theater-Klassiker – **Deutsches Theater und Kammerspiele: ■ G 3**, Schumannstr. 13a, Mitte, Tel. 030 28 44 12 25 (Theater), Tel. 030 28 44 12 26 (Kammerspiele), www.deutschestheater.de, U/S: Friedrichstraße, Karten Mo–Sa 11–18.30, So 15–18.30 Uhr und Abendkasse. Das Zentrum des Berliner Theaterlebens, einst von Max Reinhardt geleitet, seit 2009 von Ulrich Khuon. Drei Bühnen: das Große Haus mit 600 Plätzen in einem Saal von 1850, die Kammerspiele mit ca. 230 Plätzen (1906 von Max Reinhardt in modernem Design eingerichtet) und die 2006 neu eröffnete Box – für hautnahes Theater, neue Texte und aktuelle Themen.

Zeitgenössisch – **Maxim-Gorki-Theater: ■ H 3**, Am Festungsgraben 2, Mitte, Tel. 030 20 22 11 15, www.gorki.de, S: Hackescher Markt, Bus: 100, 200, Kasse Mo–Sa 12–18.30, So 16–18.30 Uhr und Abendkasse. Ab Spielsaison 2013/14 übernimmt Shermin Langhoff die Intendanz. Ensemble- und Autorentheater, zeitgenössische Inszenierungen des klassischen Dramas und der klassischen Moderne des 19. und 20. Jh. sowie Stoffe aus Berlin.

Klassische Moderne – **Schaubühne: ■ westl. A 6**, Kurfürstendamm 153, Wilmersdorf, Tel. 030 89 00 23, www.schaubuehne.de, U: Adenauerplatz, Bus: M19, M29, Kasse Mo–Sa ab 11, So, Fei ab 15 Uhr. Thomas Ostermeiers Arbeit als künstlerischer Leiter und Regisseur verfolgt die aktuelle Interpretation von Stücken William Shakespeares. Regietheater, mehrere dem Haus eng verbundene Gastkünstler.

Wild & schräg – **Volksbühne: ■ K 2**, Rosa-Luxemburg-Platz, Mitte, Tel. 030 247 67 72, www.volksbuehne-berlin.de, U: Rosa-Luxemburg-Platz, Kasse tgl. 12–18 Uhr und Abendkasse. Frank Castorf bezeichnete sein Theater als ›Panzerkreuzer‹, und er führt es auch so: Blut spritzt, es wird geschrien, geschlagen, kopuliert. Das experimentelle Theater zieht Scharen junger Menschen an, auch in den Roten und Grünen Salon mit Lesungen, Diskussionen und Konzerten.

Off-Theater

Unbedingt!!! – **Grips: ■ C 3**, Altonaer Str. 22, Tiergarten, Tel. 030 39 74 740, www.grips-theater.de, U: Hansaplatz, telefonischer Kartenservice: Mo–Sa 10–14 Uhr. Das Grips ist das originellste aller Berliner Theater. Jedes der Stücke, vorneweg natürlich die legendäre Berliner Musikrevue »Linie 1« sowie »Eine linke Geschichte«, versprüht den Esprit der Stadt unübertrefflich sicher, locker und tiefgründig. Auch für Erwachsene.

Jung & frech – **HAU – Hebbel am Ufer: ■ G 6–7**, HAU 1, Stresemannstr. 29, HAU 2, Hallesches Ufer 32, HAU 3, Tempelhofer Ufer 10, Tel. 030 25 90 04 27, www.hebbel-am-ufer.de, U: Hallesches Tor. Internationale Gastspiele und eigene Produktionen, darunter viel Tanztheater.

Multikulti – **Ballhaus Naunynstraße: ■ L 6**, Naunynstr. 27, Kreuzberg, Tel. 030 75 45 37 25, www.ballhaus naunynstrasse.de, U: Kottbusser Tor, Bus: M29. Migrationstheater mit Kultstatus. Neben jungen, verschleierten Mädchen und türkischen Intellektuellen sitzen Sie am Puls der Zeit.

Unübertrefflich – **Gutes Wedding – Schlechtes Wedding: ■ nördl. F 1**, Müllerstr. 163, Wedding, Tel. 030 49 90 79 58, www.primetimetheater.de. Das schrägste, unterhaltsamste, eigenwilligste Theater. Alle vier Wochen gibt es ein neues Programm. Da denkt man erst: »Ach, die spielen nur sich selbst«, bis man merkt, die spielen zu viert 20 Rollen.

Schwul und lesbisch

Der Schwerpunkt der Szene ist in der **Motzstraße** (▶ C–D 6–7) und der **Fuggerstraße** (▶ C–D 6/7) in Schöneberg. Blue Boy Bar, Hafen, Knast, Prinzknecht und Tom's Bar liegen alle dicht an dicht. Alles Nähere steht in der Monatszeitschrift für Schwule und Lesben ›Siegessäule‹ (gratis), www.siegessaeule.de und www.schwulesmuseum.de.

Wumm! – **Connection: ■ C 7**, Fuggerstr. 33, Schöneberg, Tel. 030 218 14 32, www.connection-berlin.de, U: Viktoria-Luise-Platz. Fr, Sa ab 23 Uhr Disco mit Darkroom.

Gay Chat – **mann-o-meter: ■ D/E 6**, Bülowstr. 106, Schöneberg, Tel. 030 216 80 08, www.mann-o-meter.de, U: Nollendorfplatz, Di–Fr 17–22, Sa, So 16–20 Uhr. Infocafé im Zentrum der Szene.

Legendär – **SchwuZ: ■ G 8**, Mehringdamm 61, Kreuzberg, Tel. 030 629 08 80, www.schwuz.de, U: Mehringdamm. Infozentrum, Disco Sa ab 23 Uhr, ganztägig geöffnetes Café.

Die **Tanz-Szene Berlin** kann man in ihrer großen Vielfalt ganz einfach entdecken. Vom klassischen Ballett bis zum zeitgenössischen Tanz haben sich die Projekte und traditionellen wie freien Spielstätten zusammengeschlossen. Bei www.tanzraumberlin.de ist alles zu finden, auch die TanzCard, mit der es 20 % auf alles gibt. Tel. 030 46 06 43 51, TanzBüro Berlin.

Register

Unterwegs mit Wieland Giebel

Wieland Giebel hat quasi nur noch ein einziges Thema: Berlin. Er schreibt Bücher und macht Filme über die Stadt, er führt die Buchhandlung und den Verlag Berlin Story, er organisiert das jährliche Geschichtsfestival Historiale und mischt bei vielen Initiativen und Vereinen mit. Wohl kaum jemand kennt persönlich so viele Besucher Berlins und deren unerschöpfliche Fragen, kaum jemand ist an den Veränderungen in Berlin so nah dran wie er.
Als DuMont-Reiseführerautor ist er seit 1997 aktiv dabei.

Abbildungsnachweis

DuMont Bildarchiv, Ostfildern: S. 72, 92, 106 (Freyer); 82, 83 (Kirchner); 45, 60, 76, 98 (Specht)
Wieland Giebel, Berlin: S. 100
Johannes Großer, Berlin: S. 120
istockphoto, Calgary (Kanada): S. 36 (Fischer); 56 (Maxlevoyou); 49 (Nikada)
laif, Köln: S. 67 (Daams); 63 (GAFF/Geilert); 32, 52, (Galli); 79, 105 (Hoffmann); 9, 10, 13, 43, 81, 88, 91, 113 (Knoll); 110 (Le Figaro Magazine/Martin); 97 (Schwelle); 28 (Simanor); 35 (Stahr); 66, 86/87,109 (Westrich); 4/5, 15 (Zenit/ Boening); 26/27 (Zenit/Langrock)
Look, München: Titelbild (age fotostock); S. 37 (Hoffmann); 7 (Zielske)
Mauritius Images, Mittenwald: S. 41 (Blume); 59 (Pöstges); 46 (Schnürer); 55, 69 (Ypps)

Kartografie

DuMont Reisekartografie, Fürstenfeldbruck

Umschlagfotos

Titelbild: Blick auf das Brandenburger Tor, ein Wahrzeichen der Stadt

Hinweis: Autor und Verlag haben alle Informationen mit größtmöglicher Sorgfalt geprüft. Gleichwohl sind Fehler nicht vollständig auszuschließen. Alle Angaben erfolgen ohne Gewähr. Bitte, schreiben Sie uns! Über Ihre Rückmeldung zum Buch und Verbesserungsvorschläge freuen sich Autor und Verlag:
DuMont Reiseverlag, Postfach 3151, 73751 Ostfildern,
info@dumontreise.de, www.dumontreise.de

3., aktualisierte Auflage 2013

Redaktion/Lektorat: Jessika Zollickhofer; Petra Juling
Grafisches Konzept: Groschwitz/Blachnierek, Hamburg
Printed in Germany